IPA-IAO
Forschung und Praxis

Band T 19

Berichte aus dem
Fraunhofer-Institut für Produktionstechnik
und Automatisierung (IPA), Stuttgart,
Fraunhofer-Institut für Arbeitswirtschaft
und Organisation (IAO), Stuttgart, und
Institut für Industrielle Fertigung und
Fabrikbetrieb der Universität Stuttgart

Herausgeber: H. J. Warnecke und H.-J. Bullinger

Software-Ergonomie in der Praxis

Richtlinien, Methoden und Werkzeuge
für die Gestaltung interaktiver Systeme

IAO-Forum
27. November 1990

Herausgegeben von H.-J. Bullinger

Springer-Verlag
Berlin Heidelberg GmbH 1990

Dr.-Ing. Dr.h.c. Dr.-Ing. E.h. H.J. Warnecke
o. Professor an der Universität Stuttgart
Fraunhofer-Institut für Produktionstechnik und Automatisierung (IPA), Stuttgart

Dr.-Ing. habil. H.-J. Bullinger
o. Professor an der Universität Stuttgart
Fraunhofer-Institut für Arbeitswirtschaft und Organisation (IAO), Stuttgart

ISBN 978-3-540-53141-8   ISBN 978-3-662-09930-8 (eBook)
DOI 10.1007/978-3-662-09930-8

Dieses Werk ist urheberrechtlich geschützt. Die dadurch begründeten Rechte, insbesondere die der Übersetzung, des Nachdrucks, des Vortrags, der Entnahme von Abbildungen und Tabellen, der Funksendung, der Mikroverfilmung oder der Vervielfältigung auf anderen Wegen und der Speicherung in Datenverarbeitungsanlagen, bleiben, auch bei nur auszugsweiser Verwertung, vorbehalten. Eine Vervielfältigung dieses Werkes oder von Teilen dieses Werkes ist auch im Einzelfall nur in den Grenzen der gesetzlichen Bestimmungen des Urheberrechtsgesetzes der Bundesrepublik Deutschland vom 9. September 1965 in der Fassung vom 24. Juni 1985 zulässig. Sie ist grundsätzlich vergütungspflichtig. Zuwiderhandlungen unterliegen den Strafbestimmungen des Urheberrechtsgesetzes.

© Springer-Verlag Berlin Heidelberg 1990
Ursprünglich erschienen bei Springer-Verlag 1990

Die Wiedergabe von Gebrauchsnamen, Handelsnamen, Warenbezeichnungen usw. in diesem Werk berechtigt auch ohne besondere Kennzeichnung nicht zu der Annahme, daß solche Namen im Sinne der Warenzeichen- und Markenschutz-Gesetzgebung als frei zu betrachten wären und daher von jedermann benutzt werden dürften.

Sollte in diesem Werk direkt oder indirekt auf Gesetze, Vorschriften oder Richtlinien (z. B. DIN, VDI, VDE) Bezug genommen oder aus ihnen zitiert worden sein, so kann der Verlag keine Gewähr für Richtigkeit, Vollständigkeit oder Aktualität übernehmen. Es empfiehlt sich, gegebenenfalls für die eigenen Arbeiten die vollständigen Vorschriften oder Richtlinien in der jeweils gültigen Fassung hinzuzuziehen.

Gesamtherstellung: Copydruck GmbH, Heimsheim
2362/3020-543210

Vorwort

Die ergonomische Gestaltung von Software-Systemen ist heute zu einer wesentlichen Voraussetzung für deren Erfolg geworden. Dadurch ist in der Praxis der Systementwicklung ein wachsender Bedarf an Richtlinien, Methoden und Werkzeugen für die Gestaltung interaktiver Systeme entstanden. Folgende Tendenzen zeichnen sich ab:

- Entwicklungswerkzeuge für interaktive Systeme werden immer wichtiger, um zum einen die Entwicklungskosten zu senken und zum anderen die Standardisierung der Oberflächen zu unterstützen.
- Die bisherigen Software-Engineering-Methoden müssen im Hinblick auf die ergonomische Gestaltung der Systeme erweitert werden. Sowohl Methoden der aufgabenorientierten Analyse und des Entwurfs, als auch Methoden der Gestaltung der Oberfläche müssen einbezogen werden.
- Bei der Umsetzung von Standards wie CUA und OSF/Motif treten besondere Probleme auf. Viele Firmen erweitern die allgemeinen Standards zu internen Richtlinienkatalogen, um so das Wissen über ergonomische Oberflächengestaltung den Entwicklern zur Verfügung zu stellen.
- In der Praxis der Systementwicklung werden längst noch nicht alle vorhandenen Möglichkeiten ausgeschöpft. Zum Teil hat dies mit veralteter Hardware zu tun; der wesentliche Grund aber liegt darin, daß die Erkenntnisse der Software-Ergonomie noch nicht hinreichend bekannt sind.

Auf dem Forum "Software-Ergonomie in der Praxis" werden diese Punkte ausführlich behandelt. In verschiedenen Sitzungen mit Vorträgen von Experten aus Industrie und Wissenschaft wird ein Überblick über Entwicklungswerkzeuge für interaktive Systeme, Software-Engineering-Methoden, Richtlinien für die Oberflächengestaltung und Einsatzpotentiale software-ergonomischer Gestaltung gegeben.

INHALT

Wettbewerbsvorteile durch Software-Ergonomie   9
    H.-J. Bullinger, Prof. Dr.-Ing. habil., Lehrstuhl für Arbeitswissenschaft,
Universität Stuttgart, Geschäftsführender Leiter des Fraunhofer-Instituts für
Arbeitswirtschaft und Organisation (IAO), Stuttgart

Werkzeuge zur Gestaltung von Bedienoberflächen für UNIX-Arbeitsplatzrechner – Ein Überblick   27
    J. Grollmann, Dr., Gruppenleiter Dialogtechnik, Siemens AG, München

ISA Dialogmanager – Ein Entwicklungswerkzeug zur Erstellung portabler, graphischer Benutzeroberflächen   43
    C. Raether, Dipl.-Ing., Geschäftsführer, ISA Informationssysteme GmbH, Stuttgart

HP New Wave – Intelligente Arbeitsplatzrechner als Fenster zu kooperativen Rechnerumgebungen   57
    G. Lenz, Dipl.-Inform., Seniorbeauftragter Büroinformationssysteme,
Hewlett Packard GmbH, Taufkirchen

Entwicklungsmethodik für interaktive Systeme   87
    J. Ziegler, Dipl.-Ing., stv. Abteilungsleiter Informationssysteme, Fraunhofer-Institut
für Arbeitswirtschaft und Organisation (IAO), Stuttgart

Praktische Anwendung objektorientierter Technologien in der Software-Entwicklung   101
    R. Vorwerk, Dr., Inhaber der Vorwerk Consulting, Braunschweig

Erfolgversprechende Einführung von CASE-Komponenten im Unternehmen   111
    E. Zander, Mitinhaber der PMS-Consult GmbH, Rosengarten

Rahmenbedingungen und Probleme der Realisierung ergonomischer Software   127
    A. Fauser, M. A., Leiter Entwicklung Bürokommunikationssysteme, Mannesmann
Kienzle GmbH, Villingen-Schwenningen

Perspektiven der Software-Ergonomie im Banken- und Sparkassenbereich   139
    H.-P. Reischl, Dipl.-Volksw., Entwicklungsplaner, Rechenzentrum der
Württembergischen Sparkassen-Organisation (RWSO), Fellbach

Entwicklung von DV-Anwendungssystemen durch Sachbearbeiter   149
    E. Bräutigam, Bürgermeister, Gemeinde Emstal

Benutzerorientierte Softwaregestaltung im Rahmen der Weiterentwicklung der Standardsoftware Adimens   157
    R. Mollenhauer, Produktmanager Datenbanksysteme,
ADI Software GmbH, Karlsruhe

Ergonomische Gestaltung von Benutzungsoberflächen durch firmeninterne Standards   169
    B. Suck, Dipl.-Wirtsch.-Ing. (FH), Leiter Entwurfsmethoden und Standards,
Datev e.G., Nürnberg

CUA in der Praxis: Wunsch und Wirklichkeit   185
    O. Mainka, Dipl.-Inform. Abteilung Software-Ergonomie, SAP AG, Walldorf

Oberflächengestaltung mit OSF/Motif   199
    R. Ilg, Dipl.-Ing., Gruppenleiter Software-Ergonomie, Fraunhofer-Institut für
Arbeitswirtschaft und Organisation (IAO), Stuttgart

IAO-Forum
Software-Ergonomie in der Praxis

Einführungsvortrag

IAO-Forum
Software-Ergonomie in der Praxis

Wettbewerbsvorteile durch Software-Ergonomie

H.-J. Bullinger

Wettbewerbsvorteile durch Software-Ergonomie:

Unkomfortable und schwer zu erlernende Anwendungssysteme sind heute kaum noch zu verkaufen. Im Normalfall gibt es heute für jede Anwendungssoftware zahlreiche Konkurrenzprodukte mit vergleichbarem Funktionalitätsumfang. Anwender werden Software daher künftig nach anderen Kriterien auswählen. Die Qualität der Mensch-Rechner-Interaktion, kurz als Benutzerschnittstelle charakterisiert, stellt vielleicht das wichtigste Kriterium dar, das derzeit neben Funktionalitäts- und Sicherheitsanforderungen die Akzeptanz von Anwendungssoftware beeinflußt. Verschiedene Entwicklungen untermauern diesen Standpunkt:

- Der großen Verbreitung alphanumerischer (textbasierter) Anwendungen stehen heute die Möglichkeiten leistungsfähiger PCs und Arbeitsplatzrechner gegenüber.

- Die über Jahre gewachsenen Systemwelten bei großen EDV-Anwendern verursachen durch ihre Uneinheitlichkeit enorme Schulungskosten, während auf dem Softwaremarkt inzwischen Standardisierungskonzepte und vereinheitlichte Benutzungsoberflächen zur Verfügung stehen.

- Die kontinuierliche Verfeinerung der Funktionalität von Anwendungssystemen hat zum Teil eine Komplexität erreicht, die sich nur noch durch software-ergonomisch gestaltete Benutzerschnittstellen bewältigen läßt.

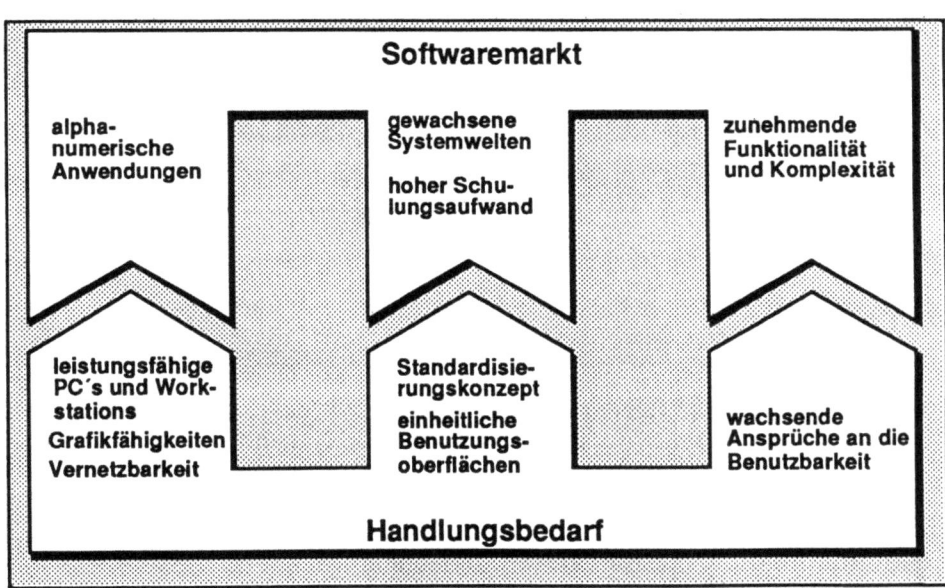

Softwaremarkt unter software-ergonomischer Perspektive

Abgeleitet von der klassischen Ergonomie führt die Übertragung des Begriffes Ergonomie auf die Gestaltung von Software gelegentlich noch zu falschen Vorstellungen. Es geht in erster

Linie *nicht* darum, ein bestimmtes Element auf dem Bildschirm besser links oder rechts zu plazieren, sondern gewohnte Arbeitsabläufe eines Sachbearbeiters realistisch und möglichst optimiert in ein Computerprogramm umzusetzen. Eine Anwendung ist dann optimal gestaltet, wenn der Benutzer sich voll auf das Bearbeiten seiner Aufgaben konzentrieren kann und seine Aufmerksamkeit nicht dadurch abgelenkt wird, daß er mühsam herausfinden muß, wie er bei dem Computer einen bestimmten Befehl auslösen kann.

Durch software-ergonomische Gestaltungsmaßnahmen eröffnet sich auch die Chance, eingefahrene und möglicherweise überholte Arbeitsabläufe auf ihre Effizienz zu überprüfen und gegebenenfalls auf dem Rechner neu zu realisieren (Bullinger et al., 1985; Görner, Ilg, 1990; Görner et al. 1990). Bei Banken und Versicherungen, der Fertigung, Materialwirtschaft oder der Buchhaltung existieren bereits interessante und richtungsweisende Projekte.

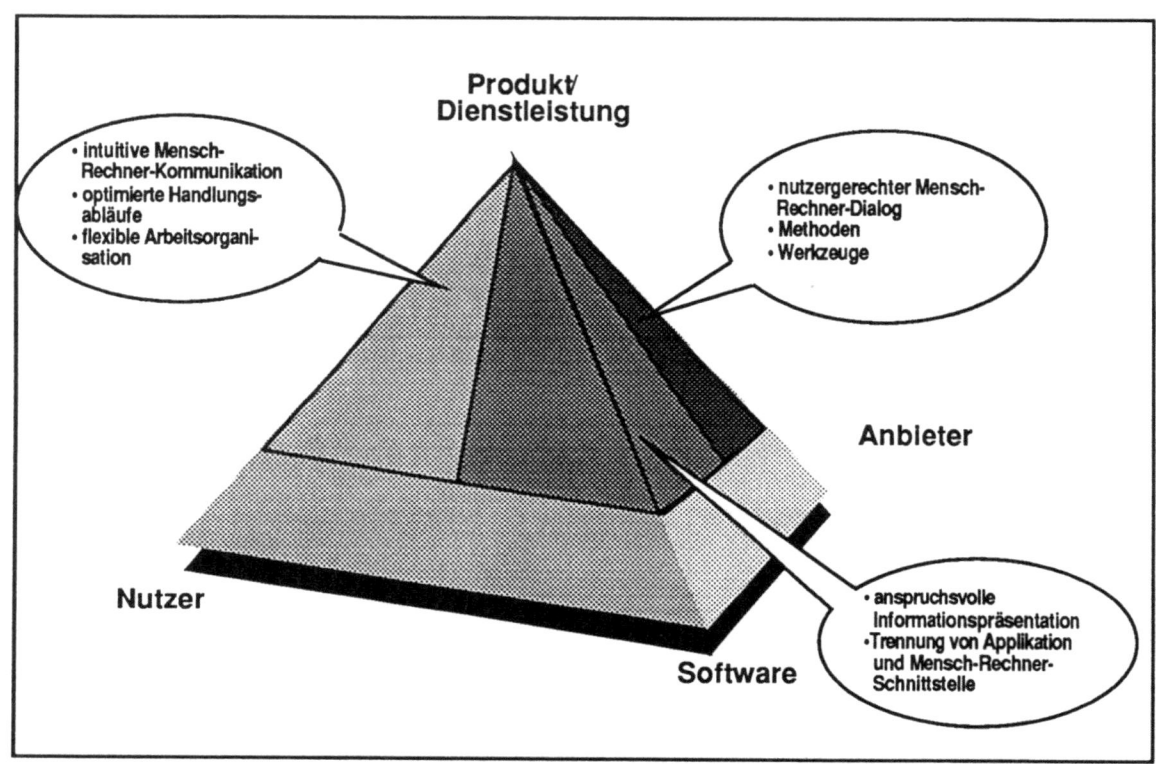

**Wettbewerbsdifferenzierender Faktor Software-Ergonomie
aus Nutzer- und aus Anbietersicht**

Durch die wachsende Leistungsfähigkeit von PCs und Arbeitsplatzrechnern, sowie der Verbesserung der Kommunikationsmöglichkeiten zwischen Rechnern verschiedenster Systeme, ersetzen heute immer mehr Firmen sogenannte "dumme Terminals" durch leistungsfähige, "intelligente Front-Ends". Diese sind in der Lage, die Datenmengen eines Großrechners benutzergerecht aufzubereiten und durch graphische Darstellungen besser zu veranschaulichen. Hier entsteht eine große Nachfrage nach software-ergonomischer Beratung für die Umgestaltung und Anbindung herkömmlicher Großrechneranwendungen an komfortablere und leistungsfähigere Benutzungsoberflächen.

In diesem Zusammenhang ist eine klare Modularisierung und Aufgliederung der Software in ihre Interaktionskomponente (Benutzerschnittstelle) und verschiedene Anwendungskomponenten von entscheidender Bedeutung. Eine solche Modularisierung verändert nicht nur herkömmliche Software-Entwicklungsmethoden, sondern bietet auch die Grundlage für eine Anwendungssoftware, die weitgehend hardware-unabhängig in heterogenen, vernetzten Systemumgebungen eingesetzt werden kann. Der Trend zu offenen und verteilten Systemen ist unübersehbar. Von praktischem Interesse sind derzeit vor allem drei Typ Grundtypen:

- Anwendungen mit verteiltem Dialogteil:
  Für benutzerfreundliche Mensch-Rechner-Schnittstellen werden leistungsstarke Rechner mit lokaler Intelligenz benötigt; die langsamen Leitungswege zwischen Host und Datenstation werden nur noch durch die Übermittlung der reinen Anwendungsdaten belastet.

- Anwendungen mit verteiltem Verarbeitungsteil:
  Komplexe Verarbeitungsroutinen, die sich im Host effizienter bearbeiten lassen, können vom PC aus über Programm-zu-Programm-Kommunikation aufgerufen werden.

- Anwendungen mit verteilt gespeicherten Daten:
  Große, strategische Datenmengen werden zentral verwaltet, während Daten für individuelle Zwecke und bestimmte Applikationskomponenten besser dezentral verfügbar gemacht werden.

Aufgrund der Anforderungen, die künftig an Software und die Software-Entwicklung gestellt werden, kann eine allgemeine Software-Architektur abgeleitet werden, in der das Dialogmanagement und somit die Gestaltung der Mensch-Rechner-Schnittstelle eine zentrale Bedeutung einnehmen wird. Darüberhinaus sind verschiedene System-Dienste wie das Daten-Management und Kommunikationsmanagement zu implementieren, die mit standardisierten Schnittstellen ansteuerbar sein müssen. Weiterhin werden Schnittstellen benötigt, über die die Systemdienste mit den verschiedenen Standardbetriebssystemen kommunizieren können.

Eine Annäherung der Benutzerschnittstellen in Bezug auf das Verhalten und das Aussehen von Dialogobjekten hat bereits in verstärktem Maße begonnen. Vergleichbar sind beispielsweise MS-Windows unter MS-DOS, Presentation Manager unter OS/2, OSF/Motif oder OpenLook unter UNIX. Eine Normierung über alle Systeme hinweg existiert allerdings nicht. Diesem Mangel kann derzeit nur durch geeignete Werkzeuge begegnet werden, die es ermöglichen, eine einmal entwickelte Benutzerschnittstelle automatisch an die verschiedenen Fenstersysteme anzupassen. Bei diesen Anpassungsmöglichkeiten sollten unbedingt alphanumerische Systeme miteinbezogen werden.

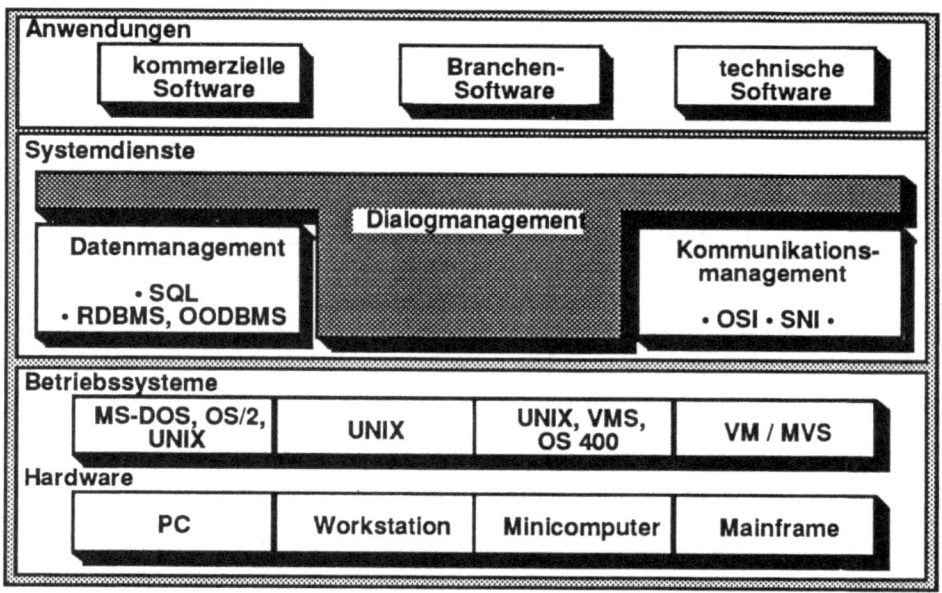

Generalisierte Software-Architektur

Bei der Mehrzahl der Computerarbeitsplätze (ca. 80%) werden heute alphanumerische Systeme eingesetzt, die auch noch im Jahre 2000 unter bestimmten Voraussetzungen einen festen Platz einnehmen werden. Zwar wird beispielsweise die stark interaktive Leitstandsfunktionalität zur kurzfristigen Fertigungssteuerung mit hoher Graphikauflösung und Farbtiefe realisiert werden, aber zur reinen Auftragserfassung und ähnlichen Teilaufgaben wird es weiterhin ausreichen, die sehr viel kostengünstigeren alphanumerischen Terminals einzusetzen.

Ebenfalls ist zu überlegen, ob die Migration von text- zu graphikbasierten Systemen - gerade unter ökonomischen Aspekten - nicht besser zweistufig angegangen werden sollte. Zum Beispiel wird gegenwärtig daran gearbeitet, die wichtigsten Komponenten graphischer Systeme, wie Fenstertechnik, Pulldown- und Popup-Menüs auch für textbasierte Systeme verfügbar zu machen. Dadurch kann mit der Umstellung von Anwendungen begonnen werden, ohne daß bereits im Vorfeld teure Investitionen in neue graphikfähige Hardware notwendig werden. Der Anwender kann dennoch - ob mit oder ohne Maus - von einer leistungsfähigeren Benutzungsoberfläche profitieren (Fähnrich, Kärcher, 1990).

Software-ergonomische Forschung und Beratung dürfte sich in Zukunft besonders auf die Bereiche Software-Werkzeuge, Gestaltungsrichtlinien und Unterstützung bei der Standardisierung firmeninterner Software konzentrieren (Ilg, Görner, 1990).

- Zum einen müssen neue *Software-Werkzeuge* (Dialogmanager, u.ä.) bereitgestellt werden, die die Entwicklung standard-konformer Software vereinfachen und beschleunigen. Beispielsweise sollte eine Benutzungsoberfläche nur noch einmal entwickelt werden müssen, auch wenn die Anwendung auf verschiedenen Betriebssystemen aufsetzt. Solche Werkzeuge müssen nicht nur das rasche Entwickeln erster Prototypen unterstützen, sondern möglichst auch so einfach zu bedienen sein, daß spätere Endbenutzer am Gestaltungsprozeß teilnehmen oder auch individuelle Anpassungen des Endprodukts vornehmen können (Fähnrich, 1987).

- Zum anderen werden *Richtlinienkataloge* benötigt, in denen der Rahmen der zulässigen Gestaltungsmöglichkeiten abgesteckt wird. Diese müssen so formuliert sein, daß auch entsprechende Konformitätsprüfungen möglich sind. Beispielsweise gibt es zur Umsetzung von OSF/Motif den Motif-Styleguide. Er informiert den Entwickler über die einzelnen Gestaltungsmöglichkeiten und beschreibt, wie elementare Einheiten der Benutzungsoberflächen aussehen sollen. Für viele Elementarobjekte wie Buttons oder Windows können bis zu 50 Parameter definiert werden. Darüberhinaus werden im Motif-Styleguide Vorgaben zu einzelnen Interaktionsschritten (Funktionstastenbelegung, Menüanwahl, u.ä.) gemacht, die der Entwickler so übernehmen kann (Ilg, 1990).

- Eine weitere Hilfestellung für Software-Entwickler muß ein *Beratungsangebot* beinhalten für die software-ergonomische Gestaltung von Anwendungsprogrammen und die Entwicklung kundenspezifischer Lösungen innerhalb der durch den Richtlinienkatalog vorgegebenen Grenzen. Bei verschiedenen Anwendern hat es sich mittlerweile bewährt, mit Hilfe unabhängiger Berater zusätzlich eigene hausinterne Gestaltungsregeln und Objektmuster festzuschreiben und deren konsistente Umsetzung im Unternehmen zu prüfen. Die Einheitlichkeit wäre sofort wieder gefährdet, wenn beispielsweise unter den 50 Parametern für ein Window jeder Entwickler selbst ein beliebiges Parameterset auswählen könnte.

Umsetzung software-ergonomischer Erkenntnisse

Software-Ergonomie beschäftigt sich mit der menschengerechten Gestaltung von Benutzerschnittstellen. Sie analysiert, gestaltet und evaluiert die Beziehungen und Wechselwirkungen zwischen Aufgaben, Benutzern und Rechnern unter Berücksichtigung organisatorischer Strukturen. Sie zielt auf den befriedigenden, effizienten und fehlertoleranten Umgang der Benutzer mit der Informationstechnologie (Bullinger, 1985; Görner, Ilg, 1988).

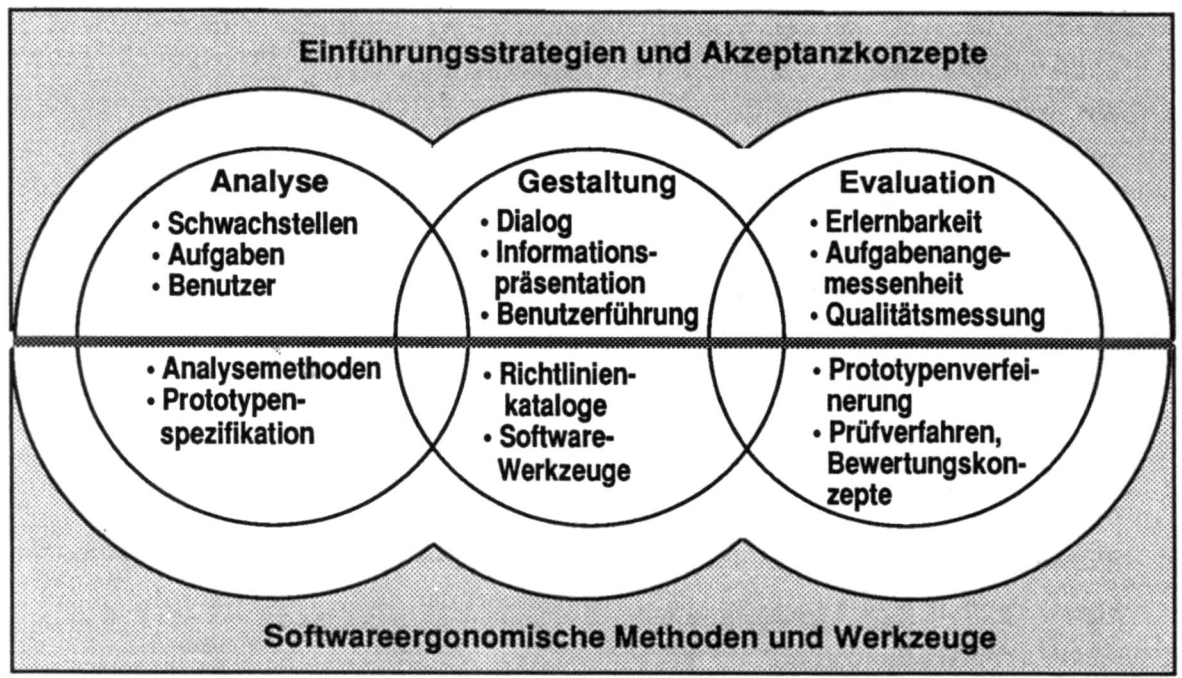

Beiträge der Software-Ergonomie für eine verbesserte Software-Entwicklung

Software-ergonomische *Analysen* basieren auf Modellen der Mensch-Rechner-Schnittstelle und umfassen zum einen alle Benutzungseigenschaften, die ein interaktives System aufzuweisen hat, und zum anderen diejenigen modularen Softwarekomponenten, die den Informationsaustausch zwischen dem Benutzer und der eigentlichen Anwendungskomponente (z.B. einem Datenbanksystem) realisieren. *Gestaltungsansätze* liegen insbesondere für Dialogführung, für verschiedene Interaktionstechniken (Erzberger et al., 1990, ISO, 1990) sowie für die Darstellung von Bildschirminformationen (Ziegler, 1985, Erzberger et al., 1989) vor. *Evaluationskomponenten* werden iterativ in die Gestaltungsansätze integriert. Sie beinhalten sowohl quantitative als auch qualitative Bewertungen der Benutzerschnittstelle, wie sie beispielsweise in der VDI-Richtlinie zur Bürokommunikation aufgelistet sind (Höft et al., 1988).

Während die Ergebnisse von Aufgaben- und Benutzeranalyse, sowie die Festlegung der Objekte und Funktionen eines Systems anwendungsspezifisch sind, existieren für die Interaktion mit dem Rechner anwendungsunabhängige Standardtechniken mit jeweils spezifischen Vor- und Nachteilen (Ilg, Ziegler, 1987). In einer Studie wurde zum Beispiel untersucht, welche Interaktionstechniken sich für Arbeiten am elektronischen Leitstand besonders eignen. Die Ergebnisse weisen deutlich in Richtung multi-medialer Interaktionen: Direkte Manipulation erscheint für den Teilbereich der Entscheidungsaufgaben angemessen, während Menütechnik und Formulareingabe für die Dateneingabe besser sind. Für die

Dialogsteuerung am Leitstand ergab sich ein hohes Rating bei den Menüs. Eingaben sollten über Tastatur, Funktionstasten und Maus, Ausgaben mindestens in semi-graphischer, besser aber in voll-graphischer Form möglich sein (Kroneberg, Zouboulidis, 1990).

Neben der Auswahl geeigneter Interaktionstechniken nimmt die Informationspräsentation am Bildschirm die Aufmerksamkeit der Software-Ergonomen in Anspruch. Bei zeilenorientierten Bildschirmen beschränkt sich die Gestaltung der Information meist auf textuelle Kodierung (Begriffswahl, Abkürzung, etc.) mit evtl. halbgraphischer Erweiterung (Trennlinien, Pfeile), sowie der Möglichkeit durch Blockbildung mit entsprechenden Blockabständen und Bündigkeiten die Information zu strukturieren. Eine erweiterte Möglichkeit der Darstellung von Information besteht bei hochauflösenden Graphikbildschirmen (Bitmap-Bildschirmen). Sie erlauben Darstellungsformen, die das WYSIWYG-Prinzip (What You See Is What You Get) optimal umsetzen. Gleichzeitig wird es möglich, dem Benutzer durch die Darbietung der Informationen in verschiedenen Fenstern wichtige Daten parallel auf dem Bildschirm bereitzustellen. Damit kann der Benutzer auch unterschiedliche Aufgaben in verschiedenen Bildschirmbereichen bearbeiten.

	Bürosysteme		Produktionssysteme	
	alphanumerisch	graphisch	alphanumerisch	graphisch
Aufgaben- analyse	▰▰▰▱	▰▰▰▱	▰▰▱▱	▰▰▰▱
Benutzer- analyse	▰▰▰▱	▰▰▰▱	▰▰▰▱	▰▰▰▰
Dialog- gestaltung	▰▰▰▰	▰▰▱▱	▰▰▱▱	▰▱▱▱
Informations- präsentation	▰▰▰▰	▰▰▱▱	▰▰▰▱	▰▰▱▱
Evaluation der Benutzbarkeit	▰▰▰▰	▰▰▱▱	▰▰▱▱	▰▱▱▱
Akzeptanz- messung	▰▰▰▱	▰▰▱▱	▰▰▰▱	▰▰▰▱

▰ unstrukturiertes Wissen ▰▱ rudimentäre Methoden/Werkzeuge
▰ Richtlinien/Standards ▰ werkzeugunterstützte Methoden

"State of the Art" in der Software-Ergonomie

Eine sorgfältige Aufarbeitung des weltweit aktuell verfügbaren Gestaltungswissens ist derzeit von der Internationalen Standardisierungsorganisation ISO zu erwarten. In der ISO ist eine Normenreihe in Vorbereitung, die sich mit Dialoggestaltung, Bedienungsqualität, Menü- und anderen Interaktionstechniken befaßt (ISO 9241). Diese Normenreihe bezieht u.a. auch die in

Deutschland existierende DIN 66234 (Teil 8: Grundsätze der Dialoggestaltung) mit ein. Für diese Normen werden außerdem Prüfverfahren vorbereitet, die eine angemessene Umsetzung in der Praxis gewährleisten sollen. Allerdings sind gegenwärtig nur wenige Institutionen in der Bundesrepublik darauf spezialisiert, Beratung in dieser Richtung anzubieten.

Wirtschaftlichkeit der Software-Ergonomie

Der wirtschaftliche Nutzen der Software-Ergonomie ist auf den ersten Blick nur schwer faßbar. Es ist eher von indirekter Wirtschaftlichkeit auszugehen, im Sinne der Vermeidung oder Verringerung sogenannter Opportunitätskosten. D.h. es sind beispielsweise die Folgen für den Fall abzuschätzen, daß ein System nicht benutzergerecht gestaltet ist.

Die Einbindung benutzergerechter Komponenten kann selbst für die Konkurrenzfähigkeit eines Unternehmens von entscheidender Bedeutung sein. In einem Unternehmen waren Bildschirmarbeitsplätze zu entwickeln, die als relativ eigenständige Kommunikations- und Informationszentren fungieren. Sie integrieren auf kleinstem Raum fünf Monitore, eine Tastatur, mehrere Telefonapparate mit Lautsprecheinrichtung und einen Ausweisleser. Der Umsatz des Unternehmens wird vorwiegend während telefonischen Kontakten mit Kunden erwirtschaftet, für die zeitkritische Informationen von verschiedenen Informationssystemen herangezogen werden müssen. Da die Telefonate bis zu 50% der täglichen Arbeitsleistung beanspruchen, muß die Arbeit mit den Systemen trotz hoher Komplexität quasi nebenher möglich sein. Durch die software-ergonomische Aufbereitung der Mensch-Rechner-Kommunikation dürften diesem Unternehmen größere finanzielle Einbußen in der Zukunft erspart bleiben.

Bury (1984) beschreibt die erfolgreiche Entwicklung eines Programms, bei der zuerst nur ein Prototyp der Benutzerschnittstelle erstellt und mit späteren Benutzern getestet wurde. In mehreren Iterationen wurde der Prototyp weiter verbessert. In jeder Stufe wurde gemessen wieviel Prozent der Benutzer verschiedene Testaufgaben ohne größere Hilfe lösen konnten. Die Werte steigerten sich für jede Aufgabe im Laufe der Verfeinerungen um ca. 25%. Erst im Anschluß wurde die zugehörige Anwendung für die untersuchte Benutzerschnittstelle entwickelt.

Ähnliche Verbesserungen wurden auch bei der Einführung eines großen Informationssystems einer Bank erzielt, dessen Benutzerschnittstelle in Zusammenarbeit mit dem Fraunhofer-Institut erarbeitet worden war. Die wesentlichsten Aspekte der Dialog- und Informationsgestaltung wurden software-ergonomisch aufbereitet und in Workshops mit repräsentativen Nutzergruppen für ca. 8000 Anwender weiter bearbeitet. Nach Einführung des Systems sind heute nicht nur eine hohe Akzeptanz bei den Anwendern, sondern auch signifikante Verbesserungen bei den Einlernzeiten zu beobachten.

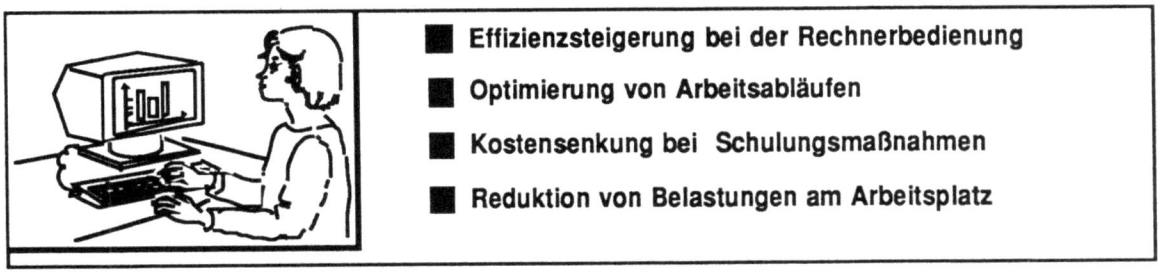

Wirtschaftlichkeit der Software-Ergonomie aus Nutzersicht

Nicht nur die Anwender ziehen ökonomischen Nutzen aus der Software-Ergonomie. Die ganzheitliche Ausrichtung zeigt auch positive Effekte beim Software-Entwicklungsprozeß. Zwar werden intensivere Vorarbeiten in frühen Projektphasen erforderlich. Diese Anstrengungen zahlen sich allerdings beim Einsatz software-ergonomisch orientierter Prototyping-Werkzeuge für Design und Implementierung rasch durch Effizienz- und Qualitätssteigerungen aus.

Eine der großen Telecom-Gesellschaften in Europa untersuchte den wirtschaftlichen Nutzen bei der Einführung software-ergonomischer Verfahren und kam zu einem überraschenden Ergebnis. Wenn aufgrund benutzergerechterer Systeme erreicht wird, daß jeder Kunde nur ein Telefonat pro Woche mehr führt als bisher, schlägt sich dies in einer Umsatzsteigerung von umgerechnet mehreren Millionen Mark nieder.

In der Ausschreibung eines anderen Unternehmens wurden verschiedene Arbeitsgruppen beauftragt, ein Dialogkonzept für ein neues ISDN-Gerät zu entwickeln. Hierbei wurden teils papier-basierte, teils computer-gestützte Entwicklungs- und Präsentationsmethoden eingesetzt. Den Zuschlag bekam die Arbeitsgruppe, die ihre Analyseergebnisse gleich mit einem Prototyping-Werkzeug umgesetzt hatte. Durch den bereits nach drei Wochen präsentierten Software-Prototyp hatte das Entscheidungsgremium nicht nur rascheren Einblick in das Dialogkonzept. Es konnte zudem leichter als bisher überprüfen, ob alle Anforderungen im Lösungsvorschlag realisiert, und wie anwendergerecht diese umgesetzt waren. Der Prototyp bot auch eine anschauliche Basis für Anregungen der Designer, welche Forderungen im einzelnen noch einmal überdacht werden sollten. Dadurch konnten auf einfache Weise in einem frühen Projektstadium kostspielige Fehlentwicklungen vermieden werden.

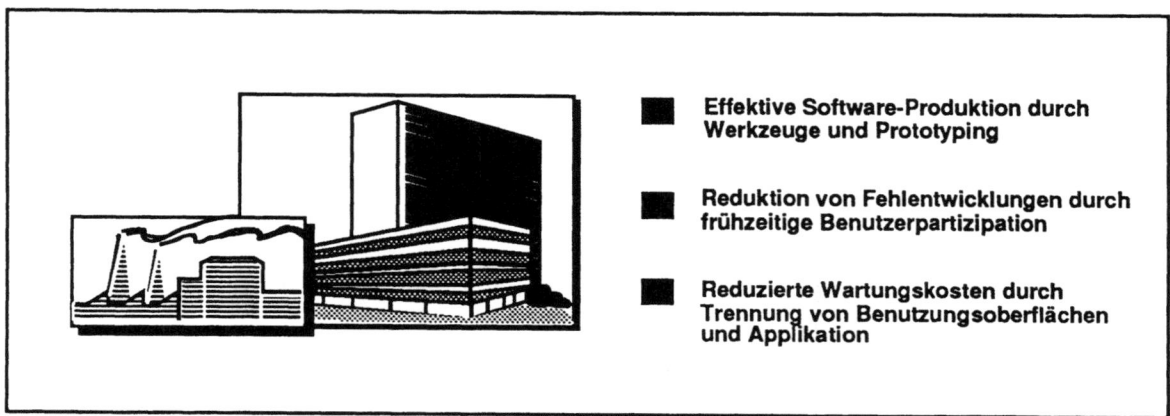

Wirtschaftlichkeit der Software-Ergonomie aus Entwicklersicht

Mehr als 80% der Programmierkapazität wird heute durch die Pflege von Programmen beansprucht. Das entspricht dem zwei- bis dreifachen der ursprünglichen Erstellungskosten. Häufig entfallen bis zu 50% des Programmieraufwands auf die Gestaltung der Benutzerschnittstellen (Russel, 1986). Eine drohende Kostenexplosion dürfte durch den Einsatz software-ergonomisch orientierter Entwicklungsmethoden und entsprechender Software-Werkzeuge sowohl bei Migrationsproblemen, als auch bei Neuentwicklungen abgeschwächt werden können. Die anfallenden Kosten amortisieren sich umso leichter, je benutzergerechter die entwickelte Software ausfällt und je stärker sich der Entwicklungsaufwand reduzieren läßt.

Effizienzsteigerungen können in Zukunft durch neue Techniken der Mensch-Rechner-Interaktion erwartet werden, die dem wachsenden Bedarf nach Einbindung verschiedener Medien wie Text, Graphik, Animation, Video und natürliche Sprache gerecht werden. Wirtschaftliche und benutzergerechte Lösungen für die neu entstehenden Interaktionsprobleme werden vor allem von der Software-Ergonomie zu erwarten sein.

Literaturhinweise

Bullinger, H.-J., Raether, C., Fähnrich, K.-P., Kärcher, M.: Software-Ergonomie im Produktionsbereich. In: Bullinger, H.-J. (Hrsg.) Software-Ergonomie '85. Tagung III/1985 des German Chapter of the ACM, Stuttgart, Teubner, 1985

Bullinger, H.-J.: Grundsätze der Dialoggestaltung. Handbuch der modernen Datenverarbeitung. Heft 126: Software-Ergonomie. Wiesbaden, Forkel-Verlag, 1985

Dzida, W., Herda, S., Itzfeld, W. D.: User-Perceived Quality of Interactive Systems. IEEE Transactions on Software Engineering **4,4**, 270-276 (1978)

Erzberger, H., Görner, C., Ilg, R.: Der Einsatz von Farbe zur verbesserten Informationsdarstellung auf den Bildschirmgeräten. Humane Produktion - Humane Arbeitsplätze **10**, (1987)

Erzberger, H., Görner, C., Ilg, R.: Touchscreen-Interaktion als Alternative zu herkömmlichen Eingabemitteln. Interner Bericht des Fraunhofer-Instituts für Arbeitswirtschaft und Organisation, 1990

Fähnrich, K.-P.: Software-Ergonomie: Stand und Entwicklungstendenzen. Office Management **12**, 6-11 (1987)

Fähnrich, K.-P., Kärcher, M.: Betriebssysteme - Wer macht das Rennen? Office Management **4**, 6-13 (1990)

Görner, C., Ilg, R.: Software-Ergonomie: Ein junger interdisziplinärer Forschungszweig. Humane Produktion - Humane Arbeitsplätze **7**, 32-35 (1988)

Görner, C. Ilg, R.: Software-Ergonomie im Aufwind. Komfortabel, leistungsfähig, einfach zu bedienen. Frankfurter Allgemeine Zeitung B34, 20.3.1990

Görner, C. Ziegler, J., Cyrus, J., Witt, R.: Software-Ergonomie in der Ultraschalldiagnostik. Medizintechnik **110/4**, 129-137 (1990)

Höft, D., Martin, P., Paetau, M., Straßburger, F.-X., Vohl, A., Ziegler, J.: VDI-Richtlinie Software-Ergonomie. VDI 5005. 1988

Ilg, R., Görner, C.: Bedienungskomfort und äußeres Erscheinungsbild der Rechnerprogramme entscheiden über den Markterfolg. FAZ - Blick durch die Wirtschaft, 21.9.1990

Ilg, R., Ziegler, J.: Interaktionstechniken. In: Fähnrich, K.-P. (Hrsg.) Software-Ergonomie. München: Oldenbourg, 1987

ISO 9241: Ergonomic Requirements for Office Work with Visual Display Terminals (in preparation)

ISO 9241, Part 14: Menu Dialogues. In: ISO 9241. Ergonomic Requirements for Office Work with Visual Display Terminals (in preparation)

Kroneberg, M., Zouboulidis, V.: Wirtschaftlichkeit und Software-Ergonomie bei der Gestaltung von elektronischen Leitständen. Interner Bericht des Fraunhofer-Instituts für Arbeitswirtschaft und Organisation, 1990

Russel, F.: Identification of Human Factors Inputs to Design Cycles. HUFIT Report A1.2, ESPRIT project no. 385, 1986

Ziegler, J.: Informationsgestaltung bei Bildschirmmenüs und Bildschirmformularen. Handbuch der modernen Datenverarbeitung; H.126. Wiesbaden: Forkel, 1985

IAO-Forum
Software-Ergonomie in der Praxis

Teil I

Entwicklungswerkzeuge und Architekturen

IAO-Forum
Software-Ergonomie in der Praxis

Werkzeuge zur Gestaltung von Bedienoberflächen für UNIX-Arbeitsplatzrechner - Ein Überblick

J. Grollmann

Zusammenfassung

Die effiziente und sichere Nutzbarkeit von Systemen, damit auch ihre Akzeptanz und ihr Markterfolg, hängen entscheidend von der Gestaltung ihrer (Bedien-)Oberflächen ab, d.h., von der Art, wie sie sich dem Anwender gegenüber darstellen. Dies beinhaltet die Präsentation von Informationen auf dem Bildschirm, die möglichen Eingabegeräte und ihre Handhabung, usw. Hauptziel von Oberflächen muß es sein, die gesteigerte Komplexität von Systemen vor dem Anwender zu verbergen und die Funktionen in verständlicher und gezielter Form zugänglich zu machen. Auch sind Oberflächen verstärkt nach ergonomischen Gesichtspunkten zu gestalten. Dies umso mehr, als zunehmend Nicht-Experten mit Rechnern arbeiten! In Büro und Verwaltung ist diese Durchdringung besonders deutlich festzustellen, zunehmend aber auch im Bereich der Fabrikautomatisierung (Prozeßleittechnik, NC-Maschinensteuerung,...). Gerade grafikfähige PCs und Arbeitsplatzrechner bieten komplexe Interaktionstechniken (Maussteuerung, Fenstersysteme,...).

Bildschirme solcher Rechner-Arbeitsplätze können dem Benutzer ein Abbild seiner gewohnten Arbeitsumgebung zur Verfügung stellen. Entsprechende Oberflächen sind aber ohne geeignete Werkzeuge aufwendig zu entwickeln. Es existieren leider auch keine allgemeinen Entwurfsstrategien, die die Sicherstellung der Anwender-Anforderungen garantieren. Eine elegante, bedienfreundliche Oberfläche kann daher nur in einem früh einsetzenden iterativen Abstimmprozeß zwischen Anwender und Entwickler entstehen. Man spricht von "evolutionärem Software-Entwurf" oder "Prototyping" (nicht im Sinne von "Wegwerf-Software"!): der stufenweisen Entwicklung einer Applikation beginnend bei der Oberfläche, unter ständiger, zunehmend präziserer Berücksichtigung der Anwender-Anforderungen. Dies muß durch geeignete Werkzeuge unterstützt werden. Forderungen an die Werkzeuge sind u.a.: Entwurfs-Rationalisierung, Unterstützung der Wiederverwendbarkeit von Oberflächen, Offenheit, Portabilität, Vereinheitlichung, Berücksichtigung von Standards. Im folgenden werden Werkzeuge für UNIX-Arbeitsplatzrechner (Bereich grafikfähige PCs bis hochleistungsfähige Workstations) vorgestellt. Betrachtet werden Fenstersysteme, Toolkits und Oberflächen-Entwurfswerkzeuge. Eine Übersicht über die Funktionalität steht dabei im Vordergrund, nicht aber eine vollständige Marktübersicht. Auch werden einige aktuelle Fragen in diesem Kontext angerissen.

1 Abgrenzung des Themas

Das Thema Ergonomie bekommt nun auch in der Informatik den gebührenden Stellenwert. Man sieht dies an der Flut von Veröffentlichungen, Tagungen, die dazu existieren. Es geht hier nur um einen Teilaspekt von Ergonomie.

Erstens geht es nur um Software-Ergonomie, also nicht etwa um die Gestaltung von Tastaturen, um die Abstrahlung von Bildschirmen o.ä., sondern darum, wie sich ein Software-Programm dem Anwender gegenüber darstellt. Dazu zählt etwa die Farbgestaltung, die Belegung der Tastatur, die Anordnung und der Inhalt von Menüs, die Reaktionen auf bestimmte Eingaben, die Art der Hilfestellung u.ä. Das zu einem Zeitpunkt vorhandene Erscheinungsbild der Software wird als "statisches Erscheinungsbild", oder "Look" bezeichnet, das sich im Zeitablauf zeigende Verhalten als "dynamisches Verhalten", oder "Feel". Statt "Look and Feel" sagt man auch "Appearance and Behavior". Gerade die Nutzung auch durch Nicht-Experten macht es wichtig, daß sich Programme "entgegenkommend" und benutzergerecht verhalten.

Das Thema Software-Ergonomie muß unter verschiedenen Aspekten untersucht werden: arbeitswissenschaftliche (psychologische, psycho-soziale, etc.) Aspekte einerseits, und technische, werkzeug-orientierte (der Informatik zuzurechnende) Aspekte andererseits. Dies ist die zweite Einschränkung: es geht in diesem Artikel um technische Hilfsmittel, die für den Entwurf ergonomischer Software eingesetzt werden können. Themen wie menschliche Wahrnehmungsprozesse, mentale Modelle werden nicht behandelt. Das Werkzeug-Thema wurde in der Vergangenheit typischerweise im amerikanischen Raum behandelt, wohingegen sich die Europäer eher um die arbeitswissenschaftliche Seite kümmerten. Nicht umsonst wird in amerikanischen Veröffentlichungen häufig auf die DIN-Norm 66234 hingewiesen. Je nach der zitierten Veröffentlichung schwankt der Programms-Anteil, der für die Oberflächenrealisierung zuständig ist, zwischen 30 und 70%. Dies beweist, daß es Sinn macht, mit Werkzeugen dort Aufwand zu reduzieren, auch deswegen, weil Werkzeuge für ein einheitlicheres Erscheinungsbild sorgen können. Besonders bei der oben beschriebenen prototypischen Gestaltung von Oberflächen können Werkzeuge entscheidende Erleichterungen bringen.

Schließlich befaßt sich der Artikel auch nur mit UNIX-Werkzeugen. Die Einschränkung auf Arbeitsplatzrechner erfolgt, weil dort die technische Entwicklung der letzten Jahre (Mehrfensterfähigkeit durch Rasterbildschirme, Zeigegeräte wie Maus, etc.) spezifische Merkmale der Oberflächen bedingt, die für andere Rechnerklassen nicht oder nur bedingt zutreffen. Dies erst ermöglicht Oberflächen-Elemente wie Icons, Formulare, verschiedene Menü-Arten, oder komplexere wie einen Desktop (als spezifische Ausprägung einer objekt-orientierten Arbeitsumgebung). Die weitere Einschränkung auf UNIX erfolgt schlicht aus Platzgründen.

2 Fenstersysteme

Die Möglichkeiten der Ansteuerung einzelner Bildpunkte und der Nutzung der Mehrfenstertechnik müssen durch geeignete Software unterstützt werden. Mehrfenstertechnik gestattet es (in Verbindung mit Multi-Prozeß-Betriebssystem und Interprozeß-Kommunikation), mehrere Programme gleichzeitig ablaufen lassen zu können, die kommunizieren und Daten austauschen können. Zuständig dafür ist ein Fenstersystem, in das i.a. ein Grafik-System eingebettet ist. Aufgaben des Fenstersystems inklusive Grafik-Subsystem sind:
- die Abhandlung von Befehlen zur Ausgabe und Modifkation von Grafikobjekten und der Entgegennahme und Verarbeitung von Grafikobjekt-bezogenen Eingaben
- die Verwaltung von (typischerweise, aber nicht immer!) rechteckigen Ausgabeflächen, d.h., die Erfassung von Datenströmen von Tastatur, Maus, etc., deren Zuordnung zu und Weiterleitung an bestimmte Applikationen, und die Ausgabe von Applikationsdaten in zugehörige Fenster
- die Verwaltung von Fenster-Layout und Bildschirmaufteilung (z.B. existieren überlappende und nicht-überlappende Fenster).

Die letztgenannte Aufgabe fällt häufig, aber nicht notwendig, dem sogenannten Window Manager (WM) zu. Das "Basisfenstersystem" gibt dann defaultmässig eine gewisse "Optik" von Fenstern und eine Bildschirmeinteilung vor; dies kann vom WM - einem eigenständigen Prozeß - überschrieben werden. Er kann etwa einen Stil der Titelzeile vorgeben, oder dafür sorgen, daß ein Maximierungsknopf existiert. Er legt die Regeln fest, wie Fenster interaktiv verändert oder bewegt werden können, aber auch, für welches Fenster gerade die Eingaben der Tastatur oder Maus gelten.

Alle heute aktuellen Fenstersysteme sind "Client-Server-Systeme": der Client ist die Applikation, der Server ist das Fenstersystem; beide sind eigene Betriebssystem-Prozesse. Der Client spricht den Server über eine Bibliothek an. Andere typische Architekturen sind das "Client-System" und das "Kern-System". Bei ersterem ist die Applikation nach wie vor der Client, zu dem aber das komplette Fenstersystem immer zugebunden ist; bei letzterem ist das Fenstersystem voll in das Betriebssystem integriert, also kein eigener Prozeß. Kern-Systeme sind zwar schnell und bieten gute (zentrale) Synchronisierung, sie sind aber schlecht portierbar; außerdem legen Fehler im Fenstersystem unter Umständen das ganze System lahm. Client-Systeme sind ebenfalls schnell, und auch portabel; Synchronisierung ist aber explizit erforderlich; außerdem kostet das Zubinden zu jeder Applikation Platz. Client-Server-Systeme sind leicht portabel und wartbar; ihre Geschwindigkeit hängt aber sehr von der Interprozeß-Kommunikation ab. Sie benötigen ein explizites Protokoll für die Kommunikation zwischen Client und Server.

Auf UNIX-Workstations existieren i.w. zwei Konkurrenten: X vom MIT [Sch86] und NeWS von SUN [NeW87]. Beide bieten Routinen zur netzweiten Benutzung von Fenstertechniken (ein Protokoll und Bibliotheken, bei X: die Xlib). Dies ist eine wesentliche Eigenschaften! Clients kommunizieren lokal oder über das Netz mit den hardware- und betriebssystemabhängigen Ausgabeservern, die alle Gerätespezifika abfangen, so daß Anwendungen weitgehend displaygeräteunabhängig konzipiert werden können. Der Server interpretiert das Protokoll, und wandelt es in gerätespezifische Kommandos um. Wesentlicher Unterschied zwischen X und NeWS ist die Art des Kommunikationsprotokolls: X hat ein festes Protokoll, d.h., der Server hat einen festen Befehlsvorrat, während NeWS ein erweiterbares Protokoll hat, d.h., der Server ist ein Interpreter für eine flexible Programmiersprache, i.w. Postscript. Daher können NeWS-Nutzer Programme in Postscript schreiben, in den Server laden, und mit einem einzigen Befehl ausführen lassen. Ein Beispiel ist das Zeichnen eines Rasters aus Punkten, etwa jedes 100. Pixel von (100,100) bis (800,800). Bei X kostet dies 64 Kommandoaufrufe (Interprozeß-Kommunikationen), bei NeWS nur einen, sobald ein entsprechendes Programm im Server geladen wurde. Allerdings kann der Server "überlaufen", wenn zuviele Postscript-Programme in ihn geladen werden. Man muß festhalten, daß NeWS ein wesentlich mächtigeres Grafik-System bietet. Das Aufsetzen auf

Postscript ermöglicht z.B. beliebige Fensterformen, während X (zumindest in aktueller Version 11, Release 4) nur rechteckige Fenster kennt. Höherwertige Grafik (3D, a la PHIGS) soll allerdings demnächst in X integriert werden.

Man kann im Prinzip den WM austauschen. MIT liefert X mit 2 public domain WM aus: den uwm (MIT, DEC) [Gan86] und den Siemens-RTL-Tiled WM [Coh86]. Die meisten Hersteller haben ihre eigenen WM, z.B. twm (TOM's WM) als Weiterentwicklung von uwm bei Siemens auf SINIX; MOTIF [OSF89] sieht den PM/X-Window-Manager von Microsoft und HP vor.

Ein X Client sollte so geschrieben sein, daß er unabhängig vom eingesetzten WM ablaufen kann. X sieht entsprechende Schnittstellen vor, so daß dies leicht möglich ist. Diese sind im ICCCM (Inter Client Communication Conventions Manual) festgelegt [Ros88]. Stand der Dinge ist derzeit, daß X sich durchzusetzen scheint [Rum88].

3 Toolkits

Das Arbeiten direkt mit Fenstersystemen ist sehr aufwendig. Es kostet viel Einarbeitungszeit und führt zu kompliziertem Code, der schließlich auch in der Wartung teuer wird. Deshalb wurden bald höhere Funktionen entwickelt und in Bibliotheken, den "Toolkits", bereitgestellt. "Höhere Funktionen" bedeutet hier, daß der Programmierer sich nicht um das Erkennen asynchroner Ereignisse (Mausklick, Tastatureingaben, Wiederanzeige, etc.) selbst kümmern muß. Das Toolkit bietet eine Hauptschleife an und ordnet die Ereignisse den richtigen Fenstern zu. Desweiteren enthalten die Toolkits vorgefertigte Bausteine wie Scroll-Bars und Menüs. Schaut man sich nämlich die Struktur interaktiver Programme an, so stellt man fest, daß deren Funktionalität - bezogen auf Interaktionen - in vielen Bereichen gleich oder sehr ähnlich ist und daß immer wieder gleiche oder ähnliche Software-Komponenten zur Implementierung verwendet werden. Diese vorgefertigten Standardbausteine ("Widgets" bzw. in technisch einfacherer Ausführung "Gadgets") führen zu einer gewissen Harmonisierung der damit erstellten Oberflächen. Eine gewisse Problematik von Toolkits ist ihre Inflexibilität; dies kann allerdings dadurch beseitigt werden, daß man objekt-orientierte Techniken (im softwaretechnischen Sinn) zur Erstellung neuer Bausteine anbietet.

Auch die Benutzung von Toolkits führt noch nicht direkt zu einem Standard-Look-and-Feel! Dies soll durch einen "Style Guide" erreicht werden, der in aller Regel zu jedem Toolkit mit dazugehört. Ein Look-and-Feel-Standard führt zu gleichartigen Bedien-, Verhaltens- und Reaktionsweisen, nicht aber zu einem uniformen Erscheinungsbild. Zu einem solchen Oberflächenstandard werden Regeln zu den folgenden Bereichen gezählt: Window Manager-Kommandos, Tastatur- und Mausfunktionen für allgemeine Eingaben (wie z.B. Selektieren), Bildschirm- und Fensterlayout, Steuermechanismen.

Das folgende Bild gibt einen Überblick über einen Teil der derzeit auf der Xlib aufsetzenden Toolkits. Alle sind objekt-orientiert; falls sie nicht direkt in einer objekt-orientierten Sprache geschrieben wurden, so nutzen sie die Funktionalität der Intrinsic-Schicht. Daneben gibt es Toolkits, die nicht auf der Xlib aufsetzen! Z.B. existiert der SUN-Toolkit Open Look [OpL89] auch auf NeWS. Inzwischen existiert übrigens selbst die MacIntosh Toolbox auf

SX-Tools	OSF / MOTIF		Athena	Sony	Open Look	
	Presentation Manager	DEC Windows				
	PM Widgets / HP Widgets	X01 DEC Widgets	Athena Widgets	Sony Widgets	AT&T Xtk+	Sun's View2
	Xt (X-Basiswidgets u. -gadgets und Intrinsics)					
Xlib						
X Protokoll						

Einige Toolkits und Systeme auf X

einem X-Server. Ansonsten geht aber Apple seinen eigenen, bisher stets erfolgreichen, Weg. Siemens bietet inzwischen sein Toolkit Collage auch auf X und auf Mehrplatzsystemen (SINIX-Rechner MX300, MX500) an. X-Collage kann auch alphanumerische Terminals versorgen. Einige Anmerkungen:
- Das Siemens-System S [Kne89], das gleichzeitig mit X-Windows und dem Toolkit Andrew [Mor86], [Pal88] entstand, liefert auch deren Funktionalität und beachtet darüber hinaus spezielle Anforderungen der Prozeßsteuerung im Echtzeitbetrieb. Derzeit wird S umgestellt auf X: "SX-Tools", mit

Motif-Look and Feel. Die Implementierung in C++ hält sich streng an ICCCM [Ros88] und ist dadurch mit jedem WM auf X kompatibel. Es gibt Basisklassen wie Text- und Grafik-Editor, Formular- und Diagrammbausteine, Pictogramm-Manager und natürlich Buttons, Scrollbars, etc. Hinzu kommen Oberflächenelemente, die nicht in der Büroanwendung vorkommen, und spezifisch für die Automatisierungstechnik sind. Mit C++ läßt sich dies leicht erweitern. SX-Tools enthält auch Funktionen für den Echtzeitbetrieb, die in keinem der anderen hier erwähnten Toolkits vorkommen. Diese Funktionen können u.a. externe, asynchrone Interrupts erkennen und an die zugehörige Anwendung (z.B. Visualisierungsprozeß) weiterreichen. Ebenso wird der simultane Zugriff von mehreren Prozessen auf ein Bildschirmobjekt ermöglicht. Dadurch kann eine Anwendung auf mehrere Prozesse aufgeteilt werden. In anderen Toolkits wird ein Widget durch die Xlib-Funktionen fest einem Unix-Prozeß (Client) zugeordnet. Nur dieser Prozeß kann Ein- und Ausgaben in diesem Bereich des Bildschirmes in koordinierter Weise machen. Diese Einschränkung kann man nicht in verteilter Prozeßautomatisierung hinnehmen.

- Die Widgets von Hewlett-Packard waren die ersten kommerziellen Widgets mit großer Verbreitung. HP hat mit Microsoft zusammen den aus der PC-Welt bekannten Presentation Manager (PM) mit HP Widgets realisiert und einen speziellen X-Server für den Presentation Manager geplant. PM-Anwendungen können somit auch auf X und parallel mit anderen X-Anwendungen auf derselben Maschine ablaufen. Die PM-Widgets sind ein Satz vordefinierter Fensterklassen, die die PM-spezifischen Steuerknöpfe und Fensterlayout-Elemente enthalten. Die HP-Widgets in public domain sind nur eine Teilmenge dessen, was in HP-Produkten Verwendung findet. Unter den nicht freigegebenen Widgets gibt es ein spezielles Rahmenwidget, das Knöpfe oder Schalter dreidimensional erscheinen läßt. HP will diesen 3D-Effekt patentieren lassen. Auch die Pulldown-Menüs sind nicht freigegeben, da sie von Microsoft (letzlich Apple) in Lizenz übernommen sind. Dafür sind Pop-up-Menüs mit kaskadenartiger Fortsetzung verfügbar.
- XUI (X User Interface) heißt das Paket von DEC. Es beinhaltet ein gut durchdachtes User Interface-Modell und einen Compiler für die UIL, womit Prototyping und Implementierung von neuen Oberflächen-Gestaltungen leicht möglich sind. Der Code für die Oberflächengestaltung läßt sich mit der UIL von dem der Anwendungen trennen. Mit der UIL kann man allerdings nur die Statik von Oberflächen formal beschreiben. Die Be-

schreibung wird compiliert und zur Laufzeit eingelesen. XUI enhält auch "X01", das Toolkit mit den DEC-Widgets und -Gadgets (letztere zur Performanzverbesserung). In den Help-Widgets hat DEC eine einheitliche, verteilte Help-Funktion realisiert. OSF/MOTIF enthält dies nicht.
- Zu OSF/MOTIF gehören: X, ab V11R3, WM und Toolkit von DEC, UIL von DEC, Styleguide mit 3D-Effekt von HP und Microsoft (a la PM/IBM).
- Mit den recht mächtigen Athena Widgets sind viele der verfügbaren X-Windows-Anwendungen implementiert worden. Es gibt Standardwidgets: Textediting, Labels, Kommandoknöpfe, Dialogkasten, Scrollbar. Verschiedene „geometry manager" bewerkstelligen das Layout von komplexen Widgets, die aus vielen Einzelteilen aufgebaut sind.
- Sony hat seine Widgets auch der X-Öffentlichkeit zur Verfügung gestellt. Sony hat die Widgets aber nicht mit einem Style Guide ausgerüstet und hatte somit wenig Einfluß darauf, wie eine Standard-Oberflächen-Gestaltung aussehen sollte.
- Die Oberflächengestaltung Open Look wird derzeit von drei verschiedenen Toolkits erreicht, zwei davon auf X (der dritte ist NeWS). Das Toolkit von AT&T "Xtk+" baut auf Xt auf. Xtk+ ist nach objektorientierten Prinzipien geschrieben und bietet dem Anwendungsprogrammierer ziemlich die gleiche Schnittstelle (API, s.u.) wie die DEC Widgets in XUI. View2 ist eine Portierung von SunView auf X. Im Ergebnis liefert dies das Look and Feel von Open Look, nicht aber das von SunView (auf NeWS).

In der X-Welt auf UNIX stehen sich eigentlich nur zwei Toolkit-Blöcke gegenüber: Open Look (AT&T, Sun, Xerox) und OSF/MOTIF. Die (politische) Entscheidung, welches System den Vorzug bekommt oder ob beide überleben, wird der Markt, insbesondere die unabhängigen Softwarehäuser, entscheiden. Über 90 Firmen aus verschiedenen Ländern sind Mitglieder in OSF, so daß man OSF/MOTIF große Chancen einräumt, sich durchsetzen zu können.

Ein zur Zeit heftig diskutiertes Thema ist das der Programmierschnittstelle von Toolkits, der sogenannten "API" (Application Programmer Interface). Da keine Bemühungen zur Standardisierung vorankommen, ebensowenig wie sich eine Einigung zu einem einheitlichen Look and Feel abzeichnet, wird jetzt versucht, eine "virtuelle API" zu definieren, also eine API, die höher angesiedelt ist, als die heutigen "konkreten" APIs. Das könnte den Vorteil bringen, daß man Applikationen über die virtuelle API auf verschiedene Toolkits aufsetzen kann.

Man verfügt zwar mit den Toolkits über abstraktere Komponenten als bei der Fenstersystem-Schnittstelle, aber nach wie vor muß explizit programmiert werden, wenn auch schon komfortabler. Stattdessen bietet es sich an, grafische Bedienoberflächen auch mit grafischen Mitteln zu erstellen; dies ist das Thema des folgenden Kapitels.

4 Oberflächen-Entwurfswerkzeuge

Früher sprach man von einem "UIMS" (User Interface Management System), heute stellt man eher den Entwurfsvorgang in das Zentrum der Überlegungen, und spricht daher von einem "UIDS" (User Interface Design System). Jedenfalls wird Funktionalität sowohl für das möglichst weitgehend interaktivgrafische Erstellen von Oberflächen als auch für die Unterstützung zur Laufzeit benötigt. Ein wesentlicher Vorteil von UIDS ist die Nutzbarkeit durch "reine" Ergonomen. In ein UIDS lassen sich auch Entwurfsregeln integrieren.

Typischerweise legt ein UIDS zur Entwurfszeit eine textuelle Beschreibung einer erstellten Oberfläche ab, die interpretiert oder compiliert wird. Ein UIDS kann auch Mittel zur Verwaltung von Dialoghistorien oder von Benutzerprofilen bereitstellen; das ermöglicht kontext-sensitives HELP, UNDO-Funktionalität, benutzeradaptive Dialogführung etc. Die wenigen derzeit auf dem Markt befindlichen Systeme unterstützen alle nicht die Evaluierung von Oberflächen. Generell muß unterschieden werden, ob ein UIDS es erlaubt, nur statische Aspekte (reines Layout einer "Momentaufnahme" der Oberfläche) zu entwerfen, oder auch dynamische Aspekte (Beschreibung der Reaktion auf Mausklicks in einer bestimmten Situation u.ä.).

Apple und Apollo haben als erste auf die Komplexität der Programmierung von fensterorientierten Anwendungsprogrammen reagiert und fensterorientierte UIDS erstellt. Apollo's Open Dialogue trennt schon säuberlich Code für die Anwendung von dem der Oberflächengestaltung. Apple erstellte das MacApp-UIDS, nachdem Programmierer doch größere Schwierigkeiten im

Gebrauch der Macintosh Toolbox hatten. Es wurde eine Produktivitätssteigerung um den Faktor 5 beobachtet.

[Mye89] unterscheidet drei Kategorien von UIDS danach, wie der Oberflächendesigner die Oberfläche spezifiziert: Er benutzt eine Spezialsprache oder spezifiziert grafisch. In der dritten Klasse wird zu gegebenen Anwendungsprogrammen die Oberfläche automatisch erzeugt, die dann modifiziert werden kann. Mehrere dieser Techniken können in einem System vorkommen. Die Klassifizierung richtet sich nach der jeweils vorherrschenden Technik. Automatismen sind bisher noch nicht hinreichend weit entwickelt. Am interessantesten sind daher vom Anwender-Standpunkt heute "grafische" UIDS. Sie erlauben es, eine Oberfläche weitgehend dadurch zu spezifizieren, daß man Objekte am Bildschirm arrangiert. Diese Systeme sind leicht zu handhaben, können teils auch von Laien benutzt werden. Im folgenden beschreiben wir einige jetzt oder in Zukunft kommerziell erhältliche UIDS:

- Das Apollo-Produkt auf X heißt Open Dialogue. Das Paket besteht aus einem Compiler und einer Runtime-Bibliothek. Der Compiler liest eine deklarative Spezifikation der Oberfläche und die Beziehungen zu den Anwendungsprozeduren. Er erstellt daraus eine kompaktere Darstellung, die beim Ablauf der Anwendung durch die Runtime-Bibliothek interpretiert wird. Die Oberfläche wird spezifiziert durch Interaktionstechniken, d.h. elementare Oberflächenelemente und Strukturierungstechniken, die es erlauben, die Elemente zu kombinieren und anzuordnen. Open Dialogue legt mehr Wert auf Komposition und Anordnung als andere UIDS, die sich eher auf die Spezifikation von Ein-/Ausgabeverhalten konzentrieren.
- Für das Siemens-System S-Tools wurde ein interaktives UIDS entwickelt [Bur89]. Das System benutzt als Beschreibungssprache Prolog und ermöglicht die direkte grafische Spezifikation nach dem WYSIWYG-Prinzip. Man kann sowohl die statischen wie auch die dynamischen Aspekte eines Dialoges definieren. Ein entsprechendes Werkzeug wird derzeit auch für SX entwickelt. Wesentlich wird die einfache Erweiterbarkeit von SX um neue Klassen sein, unter Berücksichtigung der Projektierbarkeit.
- Der Dialog-Manager der Firma ISA, Stuttgart, ermöglicht die Entwicklung von grafisch-interaktiven Benutzungsschnittstellen auf MOTIF. Der Anwender soll seine Oberfläche selbständig entwerfen können, ohne die Aufrufe des zugrundeliegenden Fenstersystems kennen zu müssen. Mit Hilfe eines Objekt- und eines Regeleditors kann das Dialogsystem interak-

tiv aufgebaut werden. Durch ein Simulationsprogramm kann der Anwender oder Entwickler den erstellten Dialog sofort überprüfen. Die Anbindung an die jeweilige Applikation erfolgt über eine einfache Syntax im Regeleditor. Der Dialog-Manager ist erhältlich für weitere Fenstersysteme.
- Ebenfalls für MOTIF vorgesehen ist das System TeleUSE der schwedischen Firma TeleLOGIC. Es enthält u.a. einen WYSIWYG-Grafikeditor für das Layout einer Oberfläche und eine regelbasierte Sprache für die Beschreibung der Dialogdynamik.

Schöne Übersichtsartikel für User Interface Design Systeme sind [Har89] und [Mye89].

5 Einige offene Fragen

Eine Übersicht über den Markt ist obiges nicht! Um vollständig zu sein, darf man nicht nur UNIX betrachten, sondern muß auch Aussagen zu IBM (CUA, SAA etc.), HP (NewWave), NeXT (auch ein IBM-Thema) etc. machen. Sehr viele weitere Details zu dieser Thematik, insbesondere zu OSF/MOTIF und Open Look findet man in [Rum90]. Dort wird auch der Stand der API-Diskussion dargestellt.

Nun die aus Verfassersicht aktuellen Fragen (Details siehe [Gro90]):
- Statt nur vorhandene Widgets zu nutzen, muß der Anwendungsersteller Möglichkeiten bekommen, neue Widgets zu definieren, möglichst grafisch.
- Die Schnittstelle zwischen Bedienoberfläche und Funktionalität einer Anwendung muß sauber formal spezifiziert werden können. Im Zusammenhang mit dieser Schnittstellenproblematik steht auch die Behandlung "alter" Applikationen, die man mit "neuen" Oberflächen versehen möchte.
- Jetzige Werkzeuge gestatten den Entwurf guter und schlechter Oberflächen. Es müßte aber beim Erstellen eine Qualitätskontrolle mitlaufen; mindestens müssen grobe Entwurfsfehler unterbunden werden. Doch Vorsicht mit zu starker Einschränkung des Designers!
- In bisherigen Werkzeugen wird entweder nur der "reine" Oberflächen-Anteil verarbeitet (Fenster, Menüs, etc., aber nicht der Inhalt von Fenstern; z.B. werden keine Maßnahmen zur Unterstützung der Visualisierung komplexer Daten geboten), oder nur der "reine" Visualisierungsanteil (also in-

nerhalb von Fenstern). Bei SX-Tools (Siemens) wird versucht, beide Aspekte homogen und konsistent abzudecken.
- Die Bürowelt, die heute sehr favorisiert wird, ist beileibe nicht der einzige Anwendungsbereich. Auch die Welt der Fabrikautomatisierung muß berücksichtigt werden. Auch hier soll SX-Tools eingesetzt werden.
- Als drängendstes Problem sehen wir allerdings das Zusammenwachsen von Oberflächen-Entwurfswerkzeugen einerseits und CASE-Werkzeugen andererseits. Projektier-Werkzeuge für die Oberfläche müssen in eine vollständige Entwicklungsumgebung für Applikationen integriert werden. Der Entwicklungsprozeß kann dann so aussehen, daß eine Applikation prototypisch erstellt wird, ausgehend von der Oberfläche. Nach einem ersten Entwurf wird dieser gemeinsam mit späteren Anwendern auf ergonomische Qualität, aber auch auf funktionale Vollständigkeit abgeklopft. Die Funktionen müssen noch nicht alle implementiert sein, aber sie müssen vorgesehen sein, was sich an der Oberfläche direkt zeigt. Dieser erste Entwurf wird dann sukzessive verfeinert. D.h., das Ziel sollte eine komplette Umgebung sein, die evolutionären Software-Entwurf im eingangs dargestellten Sinn unterstützt. Will man dafür ein UIDS so verwenden, dann muß es auch den Entwurf dynamischer Abläufe gestatten.

Literatur

[Bur89] J. Burgstaller, J. Grollmann, F. Kapsner, "A User Interface Management System for Rapid Prototyping and Generation of Dialog Managers", Proc. of HCI International '89, Sept. 1989

[Coh86] E. Cohen, E. Smith, L. Iverson, "Constraint-Based Tiled Windows", IEEE Computer Graphics and Applications, 1986, 35-45

[Gan86] M. Gancarz, "Uwm: A User Interface for X Window", Proceedings of the 1986 Summer USENIX Conference

[Gro90] J. Grollmann, Ch. Rumpf: Some Comments on the Future of User Interface Tools, Eurographics / ESPRIT UIMS Workshop, Lissabon, 1990

[Har89] H. Hartson, D. Hix, Human-Computer Interface Development: Concepts and Systems for Its Management, ACM Computing Surveys, Vol. 21, No. 1, March 1989, 5-92

[Kne89] F. Kneißl, Ein Toolkit auf X-Windows für die Automatisierungstechnik, Tagungsband Kapsner (ed.) Dialoggestaltung mit verteilten Fenstersystemen, Stand und Perspektiven, GI-Fachgespräch, München 20.-21. 02. 89, 129-149

[Mor86] J. Morris et al., Andrew: A Distributed Personal Computing Environment, CACM, Vol. 29, No. 2, March 1986, 184-201

[Mye89]   B. Myers, User-Interface Tools: Introduction and Survey, IEEE Software, January 1989, 15-23

[NeW87]   NeWS Technical Overview, SUN Microsystems Inc., 1987

[OpL89]   OPEN LOOK Graphical User Interface: A Product Overview, AT&T, 550 Madison Ave., New York,NY 10022 (1989)

[OSF89]   A. Atlas et al., OSF User Environment Component - Decision Rationale Document, January 11, 1989, 11 Cambridge Center, Cambridge, MA 02142

[Pal88]   Palay et al. The Andrew Toolkit - An Overview, Proceedings of the USENIX Winter Conference, February, 1988, 9-21.

[Ros88]   D. Rosenthal, Inter-Client Communication Conventions Manual, MIT 1988

[Rum88]   Ch. Rumpf, X: Die Chance zum Standard für Windows, unix/mail(6) 1988,1, 19-26

[Rum90]   Ch. Rumpf: Toolkits und User Interface Design Systeme auf X-Windows, wird erscheinen in Softwaretechnik - Trends (Mitteilungen der GI-Fachgruppe Software-Engineering)

[Sch86]   R. Scheifler, J. Gettys, "The X Window System,"ACM Transactions on Graphics, Vol. 5, No. 2, April 1986, 79-109

IAO-Forum
Software-Ergonomie in der Praxis

ISA Dialogmanager - Ein Entwicklungswerkzeug zur Erstellung portabler, graphischer Benutzeroberflächen

C. Raether

Gliederung:

1 Einführung
2 Positionierung des Dialog-Management Systems
2.1 Trennung von Oberfläche und Applikation
2.2 Initiativlage in graphisch-interaktiven Systemen
2.3 Parallele Standards der Ein/Ausgabe-Komponenten
3 Der ISA DIALOG-MANAGER
3.1 Ablaufkomponente
3.2 Verteilung der Anwendung
3.3 Entwicklungsumgebung
3.3.1 Der Editor
3.3.2 Simulationskomponente
3.3.3 Testumgebung
4 Weitere Entwicklungsrichtungen

1 Einführung

Die visuelle Ausprägung (der "look") und die Bedienung (der "feel") von Benutzeroberflächen war über lange Zeit hinweg und ist auch heute noch auf breiter Front geprägt durch die Möglichkeiten des alphanumerischen Bildschirms und der Tastatur.

Bedingt durch den technischen Fortschritt und den Preisverfall der zugrunde liegenden Hardware, z.B. hochauflösende Bitmap-Bildschirme, ist man heute in der Lage, dem Anwender sogenannte graphisch-interaktive Benutzerschnittstellen anzubieten.

Diese graphisch-interaktiven, direkt manipulativen Interaktionsformen ermöglichen zwar eine sehr effiziente Zusammenarbeit zwischen den Menschen und der Maschine - dafür steigt aber (1) die Komplexität der erforderlichen Basis-Software, (2) der Aufwand für die Implementation der Benutzeroberfläche und (3) das erforderliche Qualifikationsniveau der Programmierer immens an.

Diesen Widerspruch zu lösen erfordert hochstehende Werkzeuge, die den Realisierungsaufwand für die Benutzeroberfläche minimieren und parallel dazu sogar eine teilweise Implementation der Benutzeroberfläche durch Nicht-Programmierer ermöglichen. Diese Tatsache impliziert auch ein abweichendes Vorgehen in der frühen

Realisierungsphase, da durch ein Prototyping eine frühe Evaluation des zu erstellenden Systemes möglich ist.

2 Positionierung des Dialog-Management Systems

Das in der Dialogschicht angesiedelte Dialog-Management System stellt damit das Bindeglied zwischen der Ein-/Ausgabeschicht und der Applikationsschicht dar. Eine primäre Zielsetzung für das Dialog-Management System ist dabei die Separierung von einerseits Form der Präsentation und Interaktion und andererseits der Applikationsfunktionalität.

2.1 Trennung von Oberfläche und Applikation

Der Gedanke der Separierung von Präsentation und Interaktion soll kurz beispielhaft vertieft werden. Die gestellte Aufgabe sei das Sichern bzw. das Löschen von Dateien unterhalb eines Knotens in einem hierarchischen Dateisystem.

Die Dialogoberfläche in einer graphisch-interaktiven Umgebung (hier: X-Windows und OSF-Motif) könnte wie Bild 1 zeigt implementiert werden:

Bild 1: Beispielhafte Dialogoberfläche

Die Präsentation des Fensterinhaltes sowie die lexikalischen Interaktionen mit den Objekten innerhalb des Fensters erfolgt durch das Dialog-Management System in Verbindung mit einem geeigneten User-Interface Toolkit. Die Dialogablaufsteuerung wird ebenfalls durch das Dialog-Management System erledigt. (Ein Regelsatz der Ablaufsteuerung ist z.B. dafür zuständig, daß der Button "Ausführen" nur dann sensitiv ist, wenn mindestens eine der beiden Checkboxes "Sichern" oder "Löschen" aktiv ist.)

Die Applikation stellt nun eine, in einer beliebigen Programmiersprache realisierte Funktion bereit, die aus der Regelbasis des Dialog-Management Systems mit folgenden Parametern aufgerufen wird:

1. Name des Knotens im Dateisystem
2. Modus (Sichern, Löschen, Sichern+Löschen)
3. Alter der Dateien (0, Tag, Woche, ...)

Durch die damit erreichte Separierung von Präsentation/Interaktion und Applikation ist es leicht möglich (ohne Modifikation der Applikationsfunktionalität) eine abweichende Benutzeroberfläche - sogar in einer kommandosprachlichen Umgebung - zu realisieren.

2.2 Initiativlage in graphisch-interaktiven Systemen

Man unterscheidet bei Dialogsystemen nach rechnerinitiiertem und benutzerinitiiertem Dialogablauf. Herkömmliche Systeme tendieren eher zu einem rechnerinitiierten Dialog, da hierbei ein weitaus geringerer Aufwand für die Realisierung der Dialogsteuerung betrieben werden muß. Graphisch-interaktive Systeme folgen vorwiegend einem benutzerinitiierten Dialogmodell. Dies manifestiert sich in der Ereignis-Steuerung des Dialoges, die üblicherweise schon durch die Ein-/Ausgabeschicht erzwungen wird. Die Erfahrung zeigt, das dieses ungewohnte "Auf-den-Kopf-stellen" des Programmes ein großes Hindernis für Programmierer, die sich in ein Fenstersystem einarbeiten, ist. Dieser Tatsache muß ein Dialog-Management System Rechnung tragen.

2.3 Parallele Standards der Ein/Ausgabe-Komponenten

In der jüngeren Vergangenheit haben sich im Bereich der Ein-/Ausgabe-Basiskomponenten für graphisch-interaktive Dialogsysteme weit verbreitete Standards etabliert. In der UNIX-Welt sind dies X-Windows (MIT), Open Look (AT&T) und Motif (OSF); in der PC-Welt sind dies Microsoft Windows bzw. Presentation Manager.

Der Umfang der angebotenen Dialogobjekte ist in diesen Produkten fast deckungsgleich, Motif lehnt sich in puncto "look and feel" sogar weitgehend an den Presentation Manager an. Problematisch ist jedoch die Tatsache, daß die verschiedenen Basiskomponenten z.T. stark differierende Programmierschnittstellen haben. Dieses Versäumnis kann durch

Einziehen spezieller Schnittstellenschichten innerhalb des Dialog-Managements Systems korrigiert werden, um der Applikation eine breitere Plattform bereitzustellen.

3 Der ISA DIALOG-MANAGER

Im folgenden soll auf die Architektur und die einzelnen Komponenten des ISA DIALOG-MANAGER (DDM) - eines fortgeschrittenen Dialog-Management Systems näher eingegangen werden. Die grundlegenden Komponenten sind:

- die Ablaufkomponente (Runtime)

- der Editor (Design Tool)

- der Dialog-Simulator

- die Testumgebung (Testbed)

Dabei ist die erstgenannte Komponente im zu entwickelnden Anwendungssystem direkt mit eingebunden, die drei letzteren Komponenten stellen Entwicklungswerkzeuge dar. Bild 2 zeigt die Architektur eines unter Einsatz des ISA DIALOG-MANAGERS entwickelten Systems.

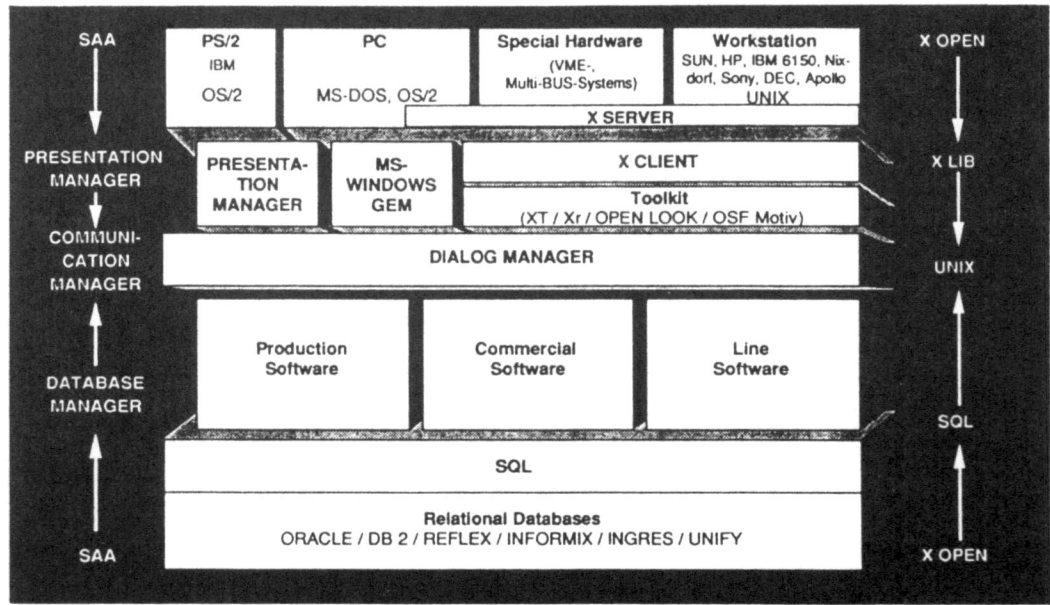

Bild 2: Architektur eines mit DIALOG-MANAGER entwickelten Systems

Eine zentrale Rolle im Zusammenspiel der Ablaufkomponente und der Entwicklungswerkzeuge nimmt die Dialogbeschreibung (das Dialog Definition File: DDL) ein. Diese Dialogbeschreibung enthält die Definition der:

- Objekte in einem Attribut / Ereignis Modell

- mehrfach verwendbaren Ressourcen (Farben, Fonts, Funktionen, etc.)

- Regelbasis, die den Dialogablauf steuert.

Es kann hier aus nicht näher auf den Inhalt des Dialog Definition Files eingegangen werden.

3.1 Ablaufkomponente

Die Ablaufkomponente lädt beim Programmstart die DDL-Datei, die aus Effizienzgründen auch vorkompiliert werden kann.

Sie übernimmt dabei einerseits die Objekt- und Ressourcenverwaltung und beauftragt das sogenannte Window-System-Interface (WSI) mit der Darstellung der Dialogobjekte. Die Darstellung wird durch die Attribute des Objektes gesteuert. Dabei stehen mehrere WSI-Module zur Verfügung, die das Interfacing mit den verschiedenen Toolkits und Fenstersystemen übernimmt. Momentan werden folgende Toolkits und Fenstersysteme unterstützt:

- X-Windows Version 10R4 mit dem Xr-Toolkit (HP),

- X-Windows ab Version 11R3 mit OSF-Motif,

- X-Windows ab Version 11R3 mit Open Look,

- Microsoft Windows Version 2 (unter DOS),

- OS/2 Presentation Manager ab Version 1.1,

- Alpha-Windows.

Bemerkenswert ist dabei, daß trotz der sehr unterschiedlichen Basiskomponenten eine einheitliche, portable Dialogbeschreibung verwendet wird. Damit stellt die Ablaufkomponente eine Plattform zur Entwicklung von graphisch-interaktiven Systemen für eine breite Basis an Standard-Umgebungen dar.

Da die erstgenannten Basiskomponenten weitverbreitet und damit wohlbekannt sind, wird hier nicht näher darauf eingegangen. Genauere Betrachtung verdient hier das Fenstersystem Alpha-Windows. Bild 3 zeigt eine mit Alpha-Windows gestaltete Oberfläche.

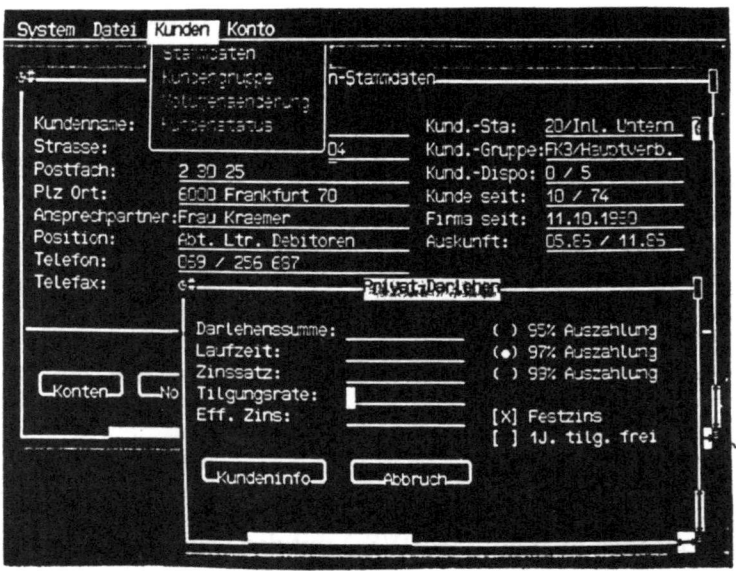

Bild 3: Alpha-Windows Oberfläche

Alpha-Windows stellt eine Implementierung von Fenstertechniken mit den aus der graphischen Welt bekannten Dialogobjekten in einer alphanumerischen Umgebung dar; es bietet einen über den seitens IBM im "Common User Access" (CUA) definierten User-Interface-Styles hinausgehenden Funktionsumfang dar. Speziellen Wert wurde bei der Konzeption von Alpha-Windows auf eine sehr effiziente Eingabemethodik gelegt, da die Cursorsteuerung nicht über eine Maus sondern rein über die Tastatur erfolgen muß. Man spricht hier von einer semantischen, objektorientierten Cursorsteuerung im Gegensatz zu der in der graphischen Umgebung anzutreffenden lexikalischen Steuerung mittels der Maus oder einem ähnlich gearteten Zeigeinstrument.

Die Motivation für Alpha-Windows besteht in der anwendungsangemessenen Konzeption der Hardwareumgebung speziell unter Berücksichtigung der bestehenden finanziellen und organisatorischen Randbedingungen. So wird man beispielsweise für ein System zur kurzfristigen Fertigungssteuerung die hoch-graphische Leitstandsfunktionalität auf einem Bitmap-Display mit hoher Auflösung und Farbtiefe realisieren; dagegen können zur Auftragserfassung und ähnlichen Teilaufgaben sehr viel kostengünstigere alphanumerische Terminals eingesetzt werden. Durch die hohe Ähnlichkeit der Präsentation und

Interaktion zwischen graphischer und alphanumerischer Welt ergibt sich dabei ein positiv einzuschätzender Lerntransfer beim Übergang zwischen den beiden Systemen.

3.2 Verteilung der Anwendung

Parallel zur Verbreitung des X Window Systems erfuhr der Gedanke der Verteilung von Applikation und Benutzerschnittstelle einen hohen Stellenwert. Das X Window System ermöglicht eine Verteilung von Anwendung (X-Client) und dem Fenstersystem (X-Server) auf verschiedene, über ein LAN gekoppelte Rechner. Dabei ergeben sich allerdings mehrere Probleme:

o Die Anforderungen an die zugrunde liegende Kommunikationsinfrastruktur sind recht hoch; von einer Kommunikation über z.B. Modems ist aus Performancegründen dringend abzuraten.

o Das User-Interface präsentiert sich in der durch X-Windows und den entsprechenden Toolkit vorgegebenen Stil. Dies wird problematisch, wenn z.B. die Anwendung auf einer UNIX basierten Architektur abläuft und die Dialogoberfläche auf einem PC mit einem X-Server unter DOS, da hierbei der Benutzer mit einerseits X-Windows für die Host-basierten Anwendungen und andererseits z.B. Microsoft Windows für PC-basierte Anwendungen auseinandersetzen müsste.

o In dem genannten Ansatz wird die Trennlinie zwischen Ein-/Ausgabe- und Dialogschicht gezogen. Die Ein-/Ausgabeschicht läuft auf dem einem, Dialogschicht und Applikation auf dem anderen Rechner.

Dieser Problematik wird durch den Ausbau "Distributed Dialog Manager" Rechnung getragen. Dabei wird die Trennlinie zwischen Dialog-Schicht und Applikation gezogen (da mehrere Applikationsmodule angesteuert werden können, kann sogar die Applikation über diese Mechanismen rudimentär verteilt werden). In diesem Ansatz wird die gesamte Dialog- und Ein-/Ausgabeschicht z.B. auf einem PC (unter Microsoft Windows oder Presentation Manager) abgearbeitet, die Applikationsfunktionalität läuft auf einem Host. Da das Datenvolumen an der Schnittstelle zwischen Dialog und Applikation üblicherweise sehr viel geringer ist als das über das X Protokoll gehende, ist hier eine Kommunikation über langsame Verbindungen (z.B. serielle Schnittstellen) möglich. Die Struktur einer solchen Konfiguration ist aus Bild 4 ersichtlich:

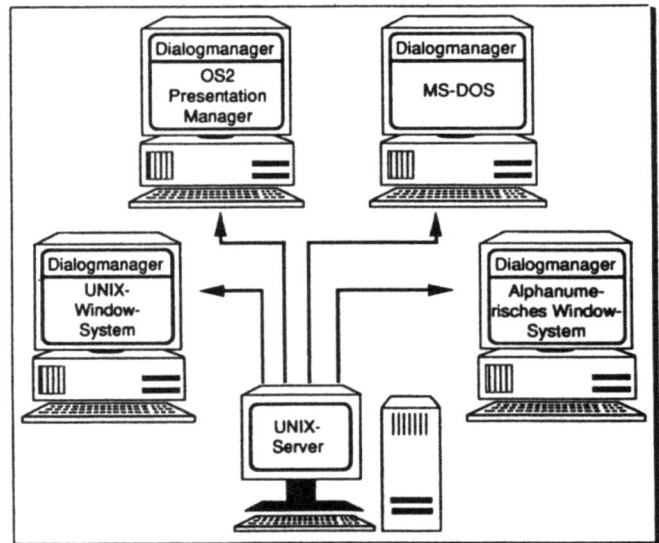

Bild 4: Verteilte Anwendung unter Einsatz des DIALOG-MANAGER

3.3 Entwicklungsumgebung

Besonderer Wert bei der Konzeption des ISA DIALOG-MANAGER wurde auf die Entwicklungsumgebung gelegt. Die beiden Hauptkomponenten für die Entwicklung der Benutzeroberfläche sind der Editor und der Simulator.

Dabei war maßgebend die Erfahrung mit Anforderungskatalogen und Grobspezifikationen, die seitens verschiedener Auftraggeber gestellt wurden und mit Pflichtenheften, die während der Implementation immer wieder geändert werden mußten, da die auf dem Papier dargestellten Dialogabläufe teilweise auf dem Rechner korrigiert werden mußten, nachdem sie bereits realisiert waren. Daher standen folgende Zielsetzungen bei der Entwicklung des ISA DIALOG-MANAGER im Vordergrund:

o **Sehr schneller Prototypenbau:** Da die meisten Systeme in ihrer Design- und frühen Entwicklungsphase sehr großen Änderungen unterworfen sind, ist es notwendig, dem Endbenutzer bzw. Auftraggeber so schnell wie möglich die Oberfläche des zu entwickelnden Systems zugänglich zu machen.

o **Leichte Änderbarkeit der Dialogfunktionalität:** Um Änderungswünsche des Benutzers berücksichtigen zu können, darf die Oberfläche nicht mehr fest programmiert werden, sondern muß vielmehr interaktiv definiert werden. Aus diesem Grunde darf die Dialogfunktionalität nicht mehr Bestandteil des Anwendungsprogrammes sein, sie muß in verständlichen und leicht zugänglichen Regeln in einem separaten Modul beschrieben werden - es findet eine Separierung von Präsentation/ Interaktion und Applikation statt.

o **Implementierung der Dialogfunktionalität durch den Benutzer:** Die komplette Dialogprogrammierung muß so gestaltet sein, daß auch Nicht-EDV-Fachleute den Dialog für die Anwendung prototypen bzw. "programmieren" können. Dadurch wird das Kommunikationsproblem zwischen Anwender und Entwickler wesentlich verkleinert.

o **Effiziente Unterstützung des Anwendungsprogrammierers bei der Implementation der Benutzeroberfläche:** Durch die Bereitstellung graphischer Editoren zur Layout-Gestaltung und Dialogablaufprogrammierung ist es dem Anwendungsentwickler möglich, die ge-samte Funktionalität eines Fenstersystems auszuschöpfen, ohne jedoch dessen gesamte Funktionalität beherrschen zu lernen.

o **Keine Wegwerf-Prototypen produzieren:** Die während einer Prototyping-Phase erarbeiteten Teile der Benutzeroberfläche sollen nicht - wie bei reinen Prototyping-Systemen üblich - verworfen werden müssen, sie sollen vielmehr direkt als Basis für die Implementation des Zielsystems dienen.

3.3.1 Der Editor

Zur Erstellung und Layoutgestaltung der Dialogoberfläche wird ein graphischer Editor zur Verfügung gestellt, in dem alle Grundobjekte des Systems graphisch dargeboten werden. Diese Attribute können sowohl beim Anlegen als auch später zur Programmlaufzeit durch die Regelbasis oder die Applikation abgefragt und geändert werden.

Die Eingabe der Dialogfunktionalität erfolgt mittels Regeleditor. Er unterstützt den Dialog-Designer bei der Erstellung der Regelbasis. In diesen Regeln können Aktionen von beliebigen Objekten ausgehen, die auf beliebig viele andere Objekte oder Funktionen der Anwendung wirken. Der Regeleditor ist derart gestaltet, daß ungeübte Benutzer mit voller Systemunterstützung relativ einfach definieren können, wogegen mit dem System vertraute Anwender auch direkt beliebig komplexe Regeln eingeben können.

3.3.2 Simulationskomponente

Die Simulationskomponente erlaubt es, den erstellten Dialog ohne die eigentlichen Anwendungsfunktionen auszutesten. Hier können sehr schnell Fehler und Unzulänglichkeiten im Dialogsystem erkannt werden, die parallel dazu sofort in den Editoren behoben werden können. Daneben stellt das Simulationsprogramm eine wesentliche Evaluationshilfe dar. Außerdem bietet das Simulationsprogramm umfangreiche Debugginghilfsmittel.

3.3.3 Testumgebung

Für das Simulationsprogramm und als optionaler Bestandteil der Ablaufkomponente steht eine Testumgebung zur Verfügung, die eine wesentliche Hilfe beim Testen des implementierten Systems bietet. Dabei werden anhand vorgefertigter Scripts die Benutzerinteraktionen automatisch durchgeführt und die Ergebnisse protokolliert. Dies ist speziell bei den mit einem Dialog-Management System entwickelten hoch-interaktiven Anwendungen wichtig, da hier ein manueller Test einen sehr hohen Aufwand verursachen würde.

4 Weitere Entwicklungsrichtungen

Das System enthält in seiner aktuellen Implementation Schnittstellen zu weiteren Software-Werkzeugen die eine sinnvolle Erweiterung eines solchen Tools bedeuten. Dies sind im einzelnen:

o **Presentation Dictionary:** Als Erweiterung zu der momentan bestehenden Datenbankschnittstelle, die aus den Regeln heraus über "embedded SQL" angesprochen wird, ist die Komplementierung des sog. Data Dictionary durch ein Presentation Dictionary sinnvoll. In diesem Presentation Dictionary werden analog zum Data Dictionary die möglichen Repräsentationen eines Datenbankeintrages an der Benutzerschnittstelle definiert. Üblicherweise leben die bestehenden Datenbanksysteme in einer alphanumerischen Welt, das Presentation Dictionary übernimmt die automatische Umformung des Datenbankinhaltes in eine visuelle Repräsentation. Dabei wird beispielsweise definiert, das die in einer Datenbank eingetragenen Werte für den Familienstand (ledig, verheiratet, etc.) auf dem Bildschirm durch einen Satz von Radiobuttons oder Poptexts dargestellt werden.

o **Automatisierter "Style Guide":** Die hohe Flexibilität, die eine graphisch-interaktive Benutzerschnittstelle bietet birgt auch Gefahren. Diese Problematik wird durch die sogenannten "Style Guides" angegangen. Diese Style Guides liegen vorwiegend in Form einer textuellen Beschreibung der zu verfolgenden Dialogmechanismen vor. Ziel muß es sein, eine kooperative Komponente in den Dialog-Editor zu integrieren, die eine Einhaltung des Style Guides erzwingt. Dabei muß davon ausgegangen werden, daß für spezielle Anwendungsbereiche, Anwendergruppen,

Hersteller etc. in Teilbereichen verschiedene oder erweiterte Style Guides koexistieren. Daher darf nicht ein bestimmter Style Guide vorgeschrieben werden, vielmehr muß dem Entwickler bzw. Entwicklerteam die Möglichkeit zur Definition der Regeln des eigenen Style Guides gegeben werden.

o **Multi-Media:** Ein weiteres sehr interessantes Gebiet tut sich auf, wenn man unter Dialogoberfläche seitens der User-Interface Hardware nicht nur die bekannten Elemente wie Bildschirm, Tastatur und Zeigeinstrumente und seitens der Quelle für z.B. den Bildschirminhalt einen Graphikcontroller versteht: Die Multi-Media Benutzerschnittstelle. Man bedenke hier nur die Möglichkeiten von Sprachein-/ausgabe, Bewegtbildern von Videorecordern oder Videodiscs usw. Eine eingehende Analyse hat gezeigt, daß sich das einem Dialog-Management System zugrunde liegende Objekt/ Attribut/Ereignis-Modell für die Integration dieser neuartigen Schnittstellen eignet. Auf diesem Gebiet wird allerdings noch ein technologischer Fortschritt und eine höhere Standardisierung nötig sein, bevor diese Schnittstellen auf breiter Front einsetzbar sind.

Anschrift des Verfassers:
Christian Raether
ISA Informationssysteme GmbH
Azenbergstr. 35, 7000 Stuttgart 1
E-mail: kaercher@isaak.isa.de

IAO-Forum
Software-Ergonomie in der Praxis

HP New Wave - Intelligente Arbeitsplatzrechner als Fenster zu kooperativen Rechnerumgebungen

G. Lenz

1. Trends der Informationstechnologie

Die gesamte Strategie von Hewlett-Packard als Computerhersteller ist natürlich darauf abgestellt, einerseits den Bedürfnissen globaler Märkte zu entsprechen, andererseits in der Computerindustrie technologische Trends zu beeinflussen oder selbst Trends zu setzen.

Eines der wesentlichen Probleme unserer modernen Gesellschaft besteht in der effizienten Verarbeitung der anfallenden Informationen. Informationsverarbeitung sollte bedeuten: Zugriffsmöglichkeiten auf verschiedenste Datenbestände, Interpretation und Auswertung der verfügbaren Informationen und letztlich Kommunikation von Wissen. Leider bestehen dabei zwei grundsätzliche Probleme:

- Entscheidungsträger können auf die vorhandenen Informationen nicht zugreifen, selbst dann nicht, wenn die benötigten Daten im Unternehmen vorhanden sind. Alternativ gehen vorhandene Informationen in einer Flut von Daten unter und werden nicht mehr als entscheidungsrelevant erkannt.

- Die von den Entscheidungsträgern benötigte Information wird zwar zur Verfügung gestellt, leider aber zu spät um die zu treffende Entscheidung noch zu beeinflussen.

Experten sagen voraus, daß der wesentliche Faktor, der in der Zukunft über die Wettbewerbsfähigkeit von Organisationen und damit über Ihre Überlebensfähigkeit entscheiden wird, die Informationslogistik sein wird - die Fähigkeit, die richtige Information zum richtigen Zeitpunkt an der richtigen Stelle zu haben, und zwar unter Beachtung der Wirtschaftlichkeit.

DIE STRATEGISCHE RESSOURCE DER 90ER JAHRE

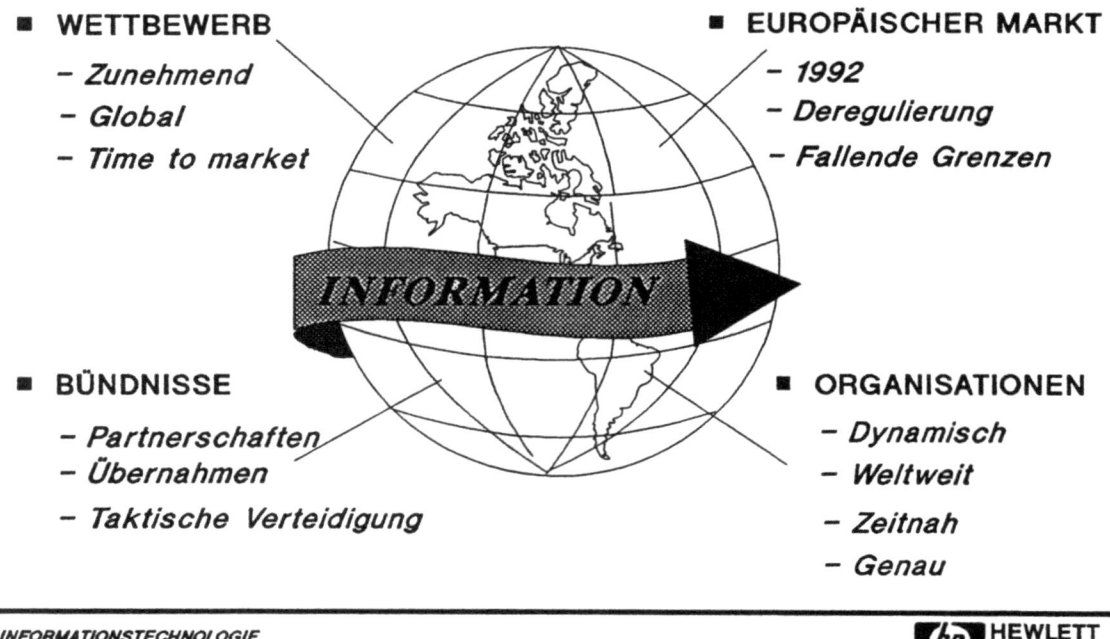

INFORMATIONSTECHNOLOGIE
GLOBAL

Die Anforderung, Informationen innerhalb von Organisationen zu transportieren und Wissen zu erzeugen ist keineswegs neu, aber die zunehmende Leistungsfähigkeit und Flexibilität von Computern gestatten es, den gesamten Prozess zu optimieren - nicht nur durch die Unterstützung einzelner Funktionen (beispielsweise Textverarbeitung), sondern durch die Unterstützung komplexer Aufgaben und Abläufe unter Einbeziehung der Anwender.

Computer als Werkzeuge sollen genau das tun, was die Anwender von Ihnen erwarten, und nicht umgekehrt, wie es in der Vergangenheit häufig der Fall war. Mit den Werkzeugen der *Informationstechnologie*, die von Hewlett-Packard angeboten werden, wollen wir dieses Ziel erreichen.

2. Die Vision des Cooperative Computing Environment

Die Computerstrategie von Hewlett-Packard basiert auf einer Client-Server-Architektur, dem *Cooperative Computing Environment* (Kooperative Rechnerumgebung). Vereinfacht ausgedrückt handelt es sich dabei um eine Umgebung, bestehend aus Computern verschiedener Hersteller für die unterschiedlichsten Anwendungsfälle, die allen tatsächlichen und potentiellen Anwendern einer Organisation in Form eines intuitiv zu benutzenden Netzwerkes zur Verfügung stehen.

CCE gestattet den Anwendern natürlich den Zugriff auf die Anwendungen, die auf den Clients verfügbar sind - typischerweise Personal Computer mit der Vielzahl existierender MS-DOS Anwendungen. Darüber hinaus stehen diesen Anwendern aber auch die transparenten Dienste der Server zur Verfügung - unabhängig von Hardware und Betriebssystemen, unabhängig vom physischen Standort der Clients und Server sowie der zwischen den Systemen bestehenden Datenkommunikations-Verbindungen.

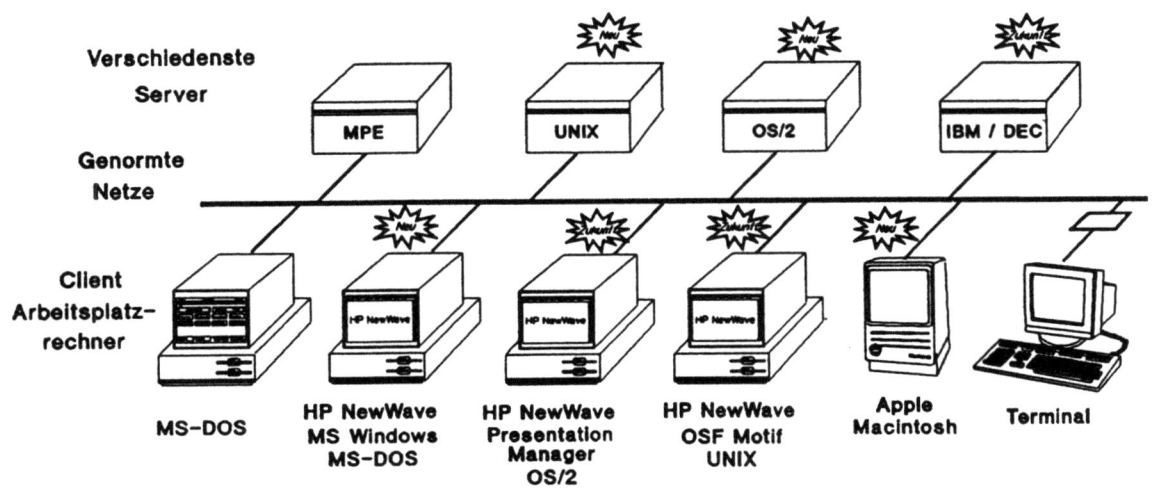

HP NewWave Office Strategie

Unser Ziel ist es, im Verlaufe der weiteren technischen Entwicklung von Benutzeroberflächen und Netzwerken, diese Umgebung zu realisieren indem wir verschiedene technologische Beiträge leisten. Diese Beiträge bestehen im wesentlichen aus

- **HP NewWave** - CCE erfordert eine einheitliche, konsistente Anwendungsumgebung als Benutzeroberfläche des gesamten Netzwerks. Die Stärken von NewWave bestehen in seiner Integrationsfähigkeit, sowohl vertikal (Client-Server-Vernetzung) als auch horizontal (Client Applikationen).

- **Zentrale Dienste** - Für die verschiedenen Hardwareplattformen die von Hewlett-Packard angeboten werden, stellen wir die wesentlichen Dienste bereit, die von Arbeitsgruppen oder Abteilungen zentral benötigt werden: Netzwerkmanagement, Kommunikationsmöglichkeiten, Datenbank-Umgebungen und Dokumentationsdienste.

- **Verbindungen** - Neben den rein physischen Verbindungsmöglichkeiten zwischen den unterschiedlichen Computersystemen werden auch die dazugehörigen Kommunikationsdienste zur Abwicklung der organisatorischen Kommunikation - über die Rechnergrenzen hinweg - bereitgestellt.

Einzelne Komponenten dieser Umgebung stehen heute bereits zur Verfügung, und im Verlauf der nächsten Jahre wird Hewlett-Packard weitere Produkte ankündigen, um die beschriebene Zielsetzung zu erreichen.

3. HP NewWave Office

Hewlett-Packard bietet bereits seit mehreren Jahren Bürosysteme an. Im Verlauf der technischen Entwicklung ausgehend von einfacher Büro-Automation (Textverarbeitung) über Büro-Kommunikation (Electronic Mail) bis hin zu komplexen Büro-Informationssystemen unter dem Dach des *Personal Productivity Center* (PPC). Während die einzelnen Produkte des PPC in der Vergangenheit nur auf den Minicomputern der **HP3000**-Familie zur Verfügung standen, hat Hewlett-Packard mit der Ankündigung von **HP NewWave Office** einen weiteren Schritt in Richtung des CCE getan.

In Erweiterung der ursprünglichen Produkte des PPC werden heute verschiedene Dienste auf der gesamten Hardware-Plattform angeboten, für

- **HP3000** Minicomputer mit dem HP eigenen Betriebssystem *MPE*, die bevorzugt für OLTP-Anwendungen eingesetzt werden und - pro Maschine - zwischen 4 und 400 Anwender unterstützen.

- **HP9000** Minicomputer mit dem UNIX-Betriebssystem HP-UX, eingesetzt als UNIX Multi-User-Systeme (Serie 800) oder als reine Server (Serie 600) in der gleichen Leistungskategorie wie die HP3000-Familie.

- **HPVectra** Personalcomputer als "kleine" Arbeitsgruppenserver mit den Betriebssystemen HP SCO UNIX oder OS/2.

Auf der Client-Seite können von einfachen Bildschirmen über Macintosh Personalcomputer bis hin zu den Standard Personal Computern mit dem Betriebsystem MS-DOS ebenfalls die wichtigsten Endgeräte eingesetzt werden.

Hewlett-Packard NewWave Office

| Benutzeroberfläche |

| NewWave Office Anwendungen |

| NewWave Informations Dienste | NewWave Dokumentations Dienste | NewWave Entwicklungs- umgebung |

| Integration objektorientierter Anwendungen |

| NewWave System Dienste |

Informationstechnologie
NWO_C7

Eine der wesentlichen Voraussetzungen einer möglichen Realisierung des CCE ist die Offenheit der einzelnen Teilsysteme. In dieser Voraussetzung liegt einer der wesentlichen Gründe, die dazu führen, daß Hewlett-Packard seit Jahren Standards forciert. Beispiele dafür gab es in der Vergangenheit genug, aus jüngster Zeit sind vielleicht unsere Beiträge für die Benutzeroberfläche *OSF/Motif* am bekanntesten. Mittlerweile ist Hewlett-Packard mit **HP NewWave Office** aber noch einen Schritt weitergegangen: die einzelnen Komponenten sind so entwickelt worden, daß sie grundsätzlich auch auf den Systemen fremder Hardware-Hersteller eingesetzt werden können. Einzelne Produkte, wie beispielsweise die Anwendungsumgebung **HP NewWave** oder der E-Mail-Server **HP OpenMail** werden deshalb auch anderen Herstellern - Hardware-Herstellern und Software-Häusern - angeboten.

4. Die Anwendungsumgebung HP NewWave

4.1. Hintergünde

Einer der wichtigsten Bestandteile des Büro-Informationssystem **HP NewWave Office** ist die Anwendungsumgebung **HP NewWave** für die Clients (PC's und Workstations) des CCE. Neben dieser Anwendungsumgebung, die als Benutzeroberfläche des gesamten Systems dient, existiert ein weiteres Produkt speziell für Software-Entwickler, die die Fähigkeiten dieser neuen Umgebung nutzen möchten: der **HP NewWave Developer Kit**. Beide Produkte werden für die MS-DOS Welt bereits angeboten, die Produkte für die OS/2- und UNIX-Welt werden folgen.

HP NEWWAVE: EINE EINHEITLICHE UMGEBUNG

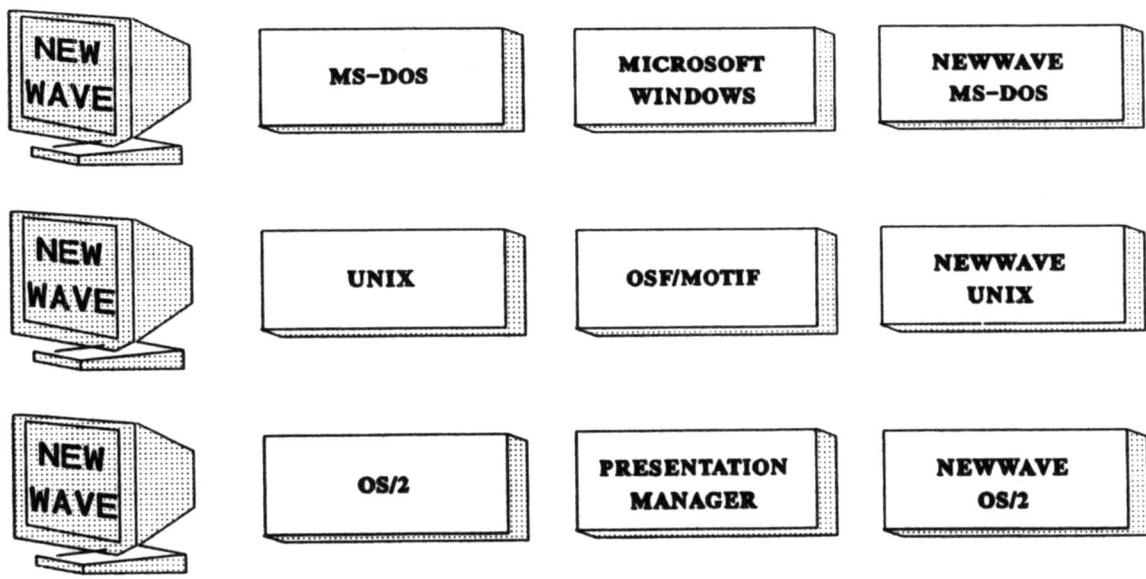

INFORMATIONSTECHNOLOGIE
EVOLUTIO

Bei der Entwicklung von **HP NewWave** wurden einige Designelemente vorgegeben, die das endgültige Produkt erfüllen sollte:

- **Einfache Bedienung:** Unter einer einheitlichen, konsistenten Oberfläche soll der Anwender in der Lage sein, sich auf seine eigentliche Aufgabe zu konzentrieren, anstatt sich auf die zu seiner Unterstützung vorhandenen Werkzeuge konzentrieren zu müssen. Um dies zu erreichen wird ein objektorientiertes Datenmodell zugrunde gelegt, außerdem müssen für einzelne Teilfunktionen Multitasking-Fähigkeit und Kontextwechsel möglich sein.

- **Überlegene Integration:** Horizontale Integration in der Form, daß verschiedene Applikationen untereinander so integriert werden, daß die Erstellung bzw. Bearbeitung multimedialer Dokumente möglich ist. Vertikale Integration durch die Verbindung zu beliebigen anderen Computersystemen eines Netzwerks.

- **Systemdienste:** Bestimmte Funktionen sollten nicht von den jeweiligen Applikationen bereitgestellt werden, sondern als Systemdienste von den Applikationen benutzt werden. Im wesentlichen handelt es sich dabei um kontextsensitive Hilfe, computer-unterstützte Schulung und die Automatisierung von Abläufen über verschiedene Applikationen hinweg.

- **Evolution:** Die neue Anwendungsumgebung muß auf den Umgebungen (Betriebssysteme und Benutzeroberflächen) aufsetzen, die als De-Facto-Standard am Markt existieren: MS-DOS mit MS-Windows, OS/2 mit Presentation Manager und UNIX mit OSF/Motif. Da es jedem Anwender selbst überlassen bleiben soll zu entscheiden, welche Applikationen zur Unterstützung seiner Tätigkeit am Besten geeignet ist, muß gewährleistet sein, daß die Vielzahl bereits existierender Applikationen in der neuen Anwendungsumgebung weiterhin genutzt werden kann. Außerdem soll es möglich sein, die neue Anwendungsumgebung als Plattform zukünftiger KI-Anwendungen einzusetzen.

Wie verhält sich nun diese neu definierte Anwendungsumgebung zu traditionellen Applikationen? Typischerweise übernehmen traditionelle MS-DOS-Anwendungen die komplette Kontrolle des PC's. In vielen Fällen wird direkt auf die Firmware, teilweise sogar direkt auf die Hardware zugegriffen, was einerseits zwar zu Leistungssteigerungen führt, andererseits aber Portabilität, Wartung und funktionale Erweiterung der Software erschwert. Zusätzlich müssen in die Applikation Funktionen integriert werden, die mit der eigentlichen Aufgabenstellung nichts zu tun haben: Hilfefunktionen, Unterstützung von Makrobefehlen, Benutzeroberfläche usw.

Mit der Entwicklung von MS-Windows sind nun ganz neue Möglichkeiten entstanden, von denen sowohl die Anwender wie auch die Software-Entwickler profitieren. Unter einer grafischen Benutzeroberfläche werden einheitliche Systemschnittstellen bereitgestellt, die zu einer einheitlicheren Programmierung führen und eine Isolierung der Applikation von den Hardware-Schnittstellen gestatten. Während zusätzliche Funktionen angeboten werden - einfache Datenübergabe zwischen Applikationen, limitiertes Multi-Tasking - bleiben aber die Einschränkungen des MS-DOS spezifischen Datenmodells weiterhin bestehen.

HP NewWave basiert auf der kompatiblen Standard-Hardwareplattform sowie der grafischen Benutzeroberfläche MS-Windows 2 - die konsistent ist mit dem Presentation Manager und OSF/Motif - und stellt darüber hinaus zwei zusätzliche Komponenten bereit: die *Object Management Facility (OMF)* und das *Application Programming Interface (API)*.

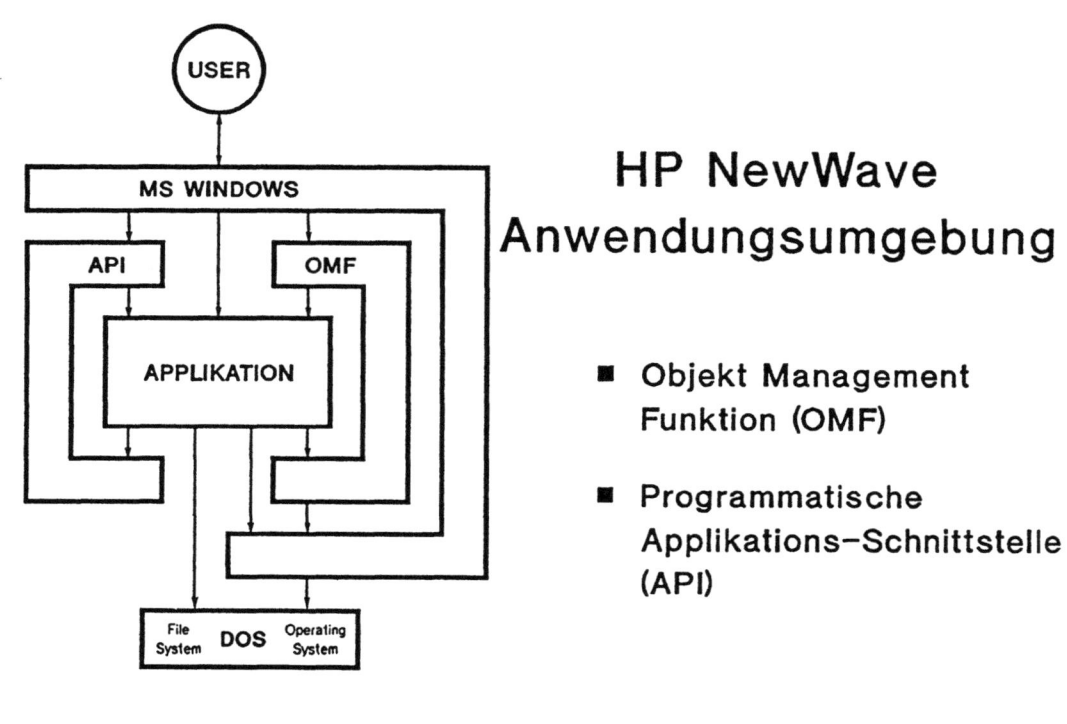

Die Anwendungsumgebung **HP NewWave** ist objektorientiert: die *Object Management Facility (OMF)* erlaubt dem PC, jede beliebige Art von Daten (Text, Daten, Grafik, Sprache usw.) als Objekt zu behandeln das als Piktogramm (Icon) am Bildschirm dargestellt wird. Konkret stellt die *OMF* drei Funktionen bereit: Die Verknüpfung von Daten mit Applikationen, temporäre oder permanente Informationsketten und unmittelbare Integration von Applikationen.

4.2. Verknüpfung von Applikationen und Daten

Angenommen, ein Anwender möchte ein Dokument auf seinem elektronischen Schreibtisch bearbeiten: er aktiviert durch einen Mausklick das grafische Symbol am Bildschirm, hinter dem sich das entsprechende Dokument verbirgt. Was passiert dabei im Hintergrund?

HP NewWave verwendet eine Metapher als grafische Benutzeroberfläche: einen Schreibtisch, bezeichnet als *NewWave Office*.

Die Desktop Oberfläche *NewWave Office* schickt einen Aufruf an die *OMF* mit der Aufforderung, das ausgewählte Objekt zu aktivieren. Die *OMF* überpüft ihre internen Tabellen und identifiziert so die benötigten MS-DOS Dateien (Dokumenteninhalte) und das Applikationsprogramm mit dem das Objekt erstellt wurde (Textverarbeitungsprogramm). Danach wird die Applikation von der *OMF* gestartet und beim Aufruf der Namen der zugehörigen Datendatei übergeben. Die Applikation startet und ruft automatisch die spezifizierte Datendatei auf: das Dokument wird in einem neuen Fenster am Bildschirm dargestellt und zur Bearbeitung durch den Anwender freigegeben.

Die *OMF* verwaltet somit die Verknüpfung zwischen den Daten (Dokument) und der zur Bearbeitung benötigten Applikation (Textverarbeitung) und ermöglicht somit dem Anwender, das Objekt als eine Einheit zu betrachten und direkt manipulieren zu können. Darüber hinaus verwaltet die *OMF* alle Verbindungen verschiedener Objekte untereinander, beispielsweise mehrere Dokumente, die in einer Akte abgelegt sind.

OMF
APPLIKATIONS/DATEN VERKNÜPFUNG

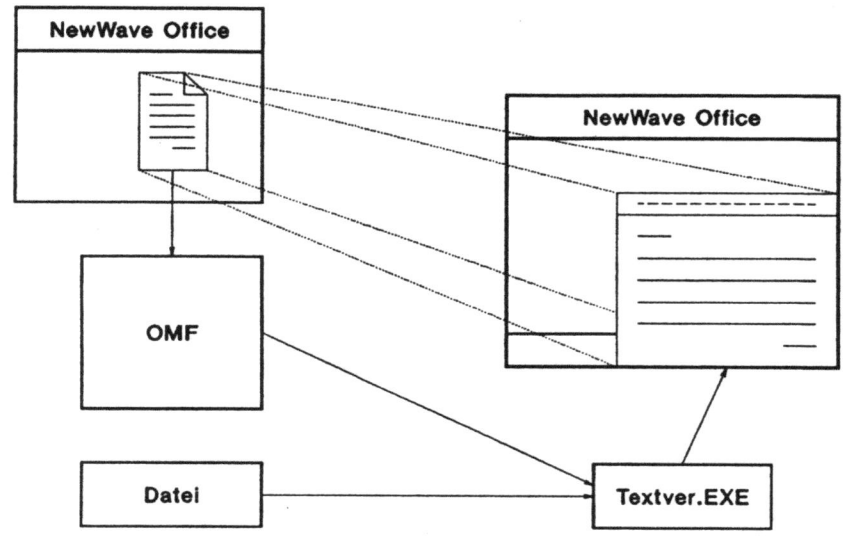

Informationstechnologie
NW24D

Dem Anwender bieten sich durch diese Verwaltungsfunktion der *OMF* signifikante Vorteile: er braucht nicht zu wissen, welchen Dateinamen ein Objekt hat (abgesehen davon werden die MS-DOS Limitationen bei der Namensvergabe aufgehoben), in welchem Unterverzeichnis das Objekt gespeichert ist, welche Applikation zur Bearbeitung des Objektes verwendet werden muß und wie diese Applikation gestartet werden muß - lauter Informationen, die er zur Erfüllung seiner Aufgabe eigentlich auch gar nicht benötigt. Zum Vergleich dazu ein Beispiel: Um ein multimediales Dokument mit traditionellen Applikationen zu bearbeiten, benötigt der Anwender nicht nur die vorher beschriebenen Informationen, er muß zusätzlich wissen welche physische Struktur dieses Dokument hat, welche Medientypen darin enthalten sind und wie mit den unterschiedlichen Medien gearbeitet werden kann - bzw. muß. Die *OMF* verfügt über alle diese Informationen und entlastet den Anwender dadurch.

4.3. Informationsketten

Wie bereits vorher kurz beschrieben verwaltet die *OMF* auch die Beziehungen zwischen unterschiedlichen Objekten. Grundsätzlich existieren drei verschiedene Beziehungsarten:

- **Einfache Verbindungen** sind "Vater-Sohn-Beziehungen". Sie werden zur Verwaltung der Objekte des Anwenders benutzt. Beispiel: Verschiedene Dokumente, Grafiken, Tabellen in einer Akte, verschiedene Akten im Ablageschrank.

- **Visuelle Verbindungen** werden benutzt wenn das "Vater-Objekt" von dem "Sohn-Objekt" erwartet, daß dieses sich selbst an einer definierten Stelle darstellt. Diese Verbindungsart wird von Applikationen unterstützt, die mit der *OMF* bidirektional kommunizieren können. Beispiel: Eine Grafik, die in ein Textdokument eingefügt wird; die Darstellung der Grafik in dem definierten Textbereich erfolgt (am Bildschirm oder auf dem Drucker) nicht durch das Textverarbeitungsprogramm, sondern durch das Grafikprogramm.

- **Daten-Übergabe-Verbindungen** werden benutzt um Daten zwischen verschiedenen miteinander verbundenen Objekten auszutauschen. Die Daten, die dabei von einem Objekt zu dem anderen Objekt übertragen werden können vollständig dem ersten Objekt entsprechen, oder lediglich einen Teil des ersten Objektes beinhalten (*View*). Während bei einer temporären Verkettung (*Copy*) die Daten nur einmal zwischen den Objekten ausgetauscht werden - in der Regel auch nur in einer Richtung - führen permanente Informationsketten (*Share*) einen bidirektionalen Datenaustausch automatisch durch, wenn sich der Inhalt der miteinander verknüpften Objekte ändert. Beispiel: Dateninformationen aus einer Tabelle werden in grafischer Form dargestellt. Eine Änderung der Ursprungsdaten hat automatisch eine Änderung der mit der Tabelle verbundenen Grafik zur Folge.

Objekte können natürlich mit mehreren anderen Objekten verbunden werden: aus einer Datentabelle kann einer Grafik erzeugt werden, die ihrerseits wiederum in verschiedenen Textdokumenten enthalten ist. Falls die einzelnen Objekte vom Anwender über permanente Informationsketten verbunden werden, hätte eine Änderung der Tabellenwerte zur Folge, daß die Grafiken in den Textdokumenten ebenfalls automatisch geändert werden. Im Vergleich zu traditionellen Applikationen bietet die *OMF* dem Anwender wiederum erhebliche Vorteile, denn normalerweise müsste nach der Änderung der Ursprungsdaten jede einzelne Grafik nicht nur neu erstellt werden, sondern unter Umständen auch noch manuell neu in die jeweiligen Texte eingefügt werden.

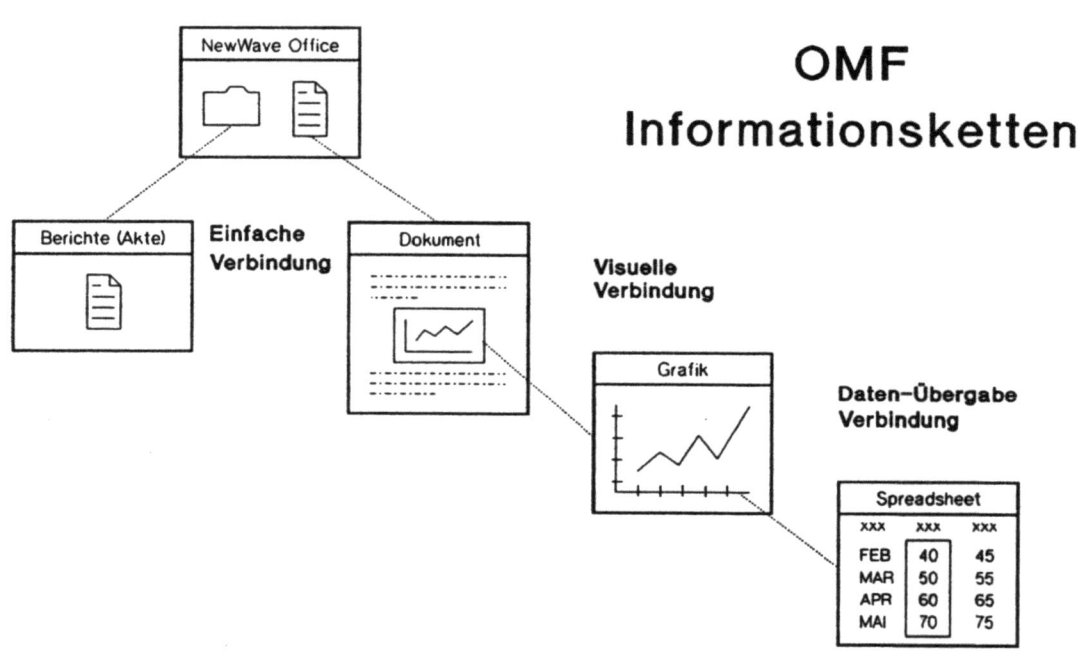

4.4. Unmittelbare Integration von Applikationen

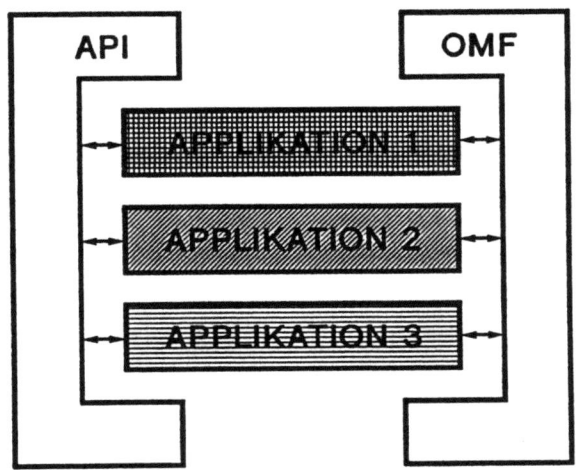

Informationstechnologie
NW26D

NewWave-Applikationen müssen sich untereinander nicht verstehen, um zusammen arbeiten zu können. Die einzigen Voraussetzungen, die gegeben sein müssen sind die Kommunikationsmöglichkeiten mit der *OMF* und dem *API* . Dadurch erfolgt eine Standardisierung, die zur Folge hat, daß völlig unabhängig voneinander entwickelte Applikationen miteinander integriert werden können.

Das amerikanische Softwarehaus FORUM SYSTEMS (Santa Barbara, CA) hat eine Applikation zur Erfassung und Speicherung von Sprache entwickelt - von der Funktionsweise vergleichbar mit einem Kassettenrecorder. Aufgrund der Fähigkeiten der *OMF* ist es nun möglich, die Sprachobjekte dieser Applikation zusammen mit anderen Applikationen zu verwenden. So können beispielsweise die Dokumente der Textverarbeitung **NewWave Write** mit Sprachanmerkungen versehen werden, Sprachnachrichten können per Electronic Mail an andere Anwender übertragen werden, oder Sprachinformationen können in Datenbanken gespeichert werden.

Für den Anwender entsteht ein ganz neuer Nutzen: Anwendungsprogramme, die überhaupt nichts miteinander zu tun haben, arbeiten plötzlich zusammen, und erlauben die Integration verschiedener Informationsarten, die in der Vergangenheit überhaupt nicht wirtschaftlich möglich war.

4.5. Systemdienste des API

Das *Application Program Interface (API)* stellt dem Anwender oder Software-Entwickler mehrere von Systemdiensten zur Verfügung, die dem Anwender die Bedienung seines PC's und der zugehörigen Applikationen erleichtern und für den Software-Entwickler den Entwicklungsaufwand reduzieren.

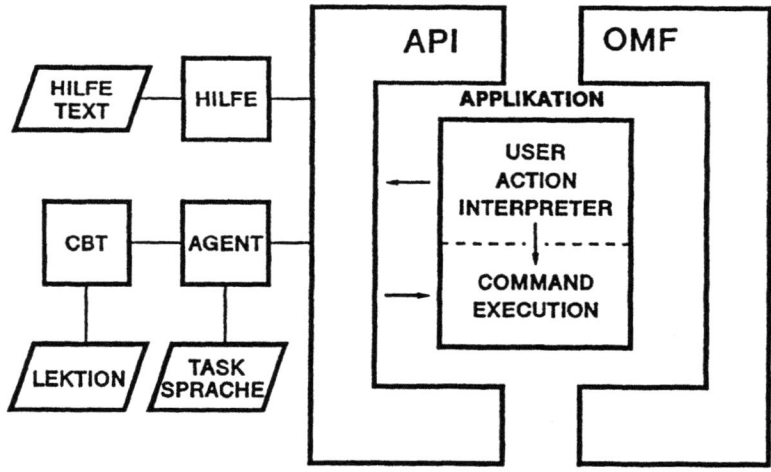

Informationstechnologie
NW29D

Zu diesen Systemdiensten zählt die Möglichkeit, über Applikationsgrenzen hinweg komplexe Abläufe mittels eines Softwareroboters (*Agent*) zu automatisieren. Eine Anwendung des *Agents* ist die computer-unterstützte Schulung (*CBT*) des Anwenders.

CBT Tools geben dem Entwickler die Möglichkeit, seine Applikation - nicht etwa spezielle Trainingsprogramme - in diese Form der Schulung zu integrieren. Ein weiterer Systemdienst ist die kontextabhängige Hilfe, die von allen NewWave Applikationen mitbenutzt werden kann - einfach dadurch, daß die Hilfstexte übergeben werden - und von der Funktionsweise mit Hypertext-Anwendungen vergleichbar ist. Alle Systemdienste kommunizieren über das *API* mit den eigentlichen Applikationen.

NewWave Applikationen bestehen aus zwei logischen Modulen, die jeweils mit dem *API* kommunizieren. Der *User Action Interpreter* kommuniziert mit dem Anwender und identifiziert die Aktion, die aufgrund der Benutzereingabe erfolgen soll. Das *Command Execution Module* führt die erforderlichen Aktionen dann tatsächlich aus.

4.6. Ummantelung

Echte NewWave Applikationen sind vom Design her entsprechend aufgebaut, um mit MS-Windows auf der einen Seite und mit *OMF* und *API* auf der anderen Seite kommunizieren zu können. Zusätzlich können aber auch bereits bestehende MS-DOS- oder MS-Windows-Applikationen unter NewWave benutzt werden - obwohl sie die erforderlichen Design-Anforderungen nicht erfüllen. Diese Funktion wird *Ummantelung (Encapsulation)* genannt und ist vergleichbar mit einer Shell um die ursprüngliche Applikation. Grundsätzlich erlaubt die *Ummantelung* die Darstellung von Daten als Objekten.

Innerhalb von **HP NewWave** existieren verschiedene Klassen von Applikationen, die anhand des Integrationsgrades der Applikation unterschieden werden:

- **MS-DOS-Programme**: Vorhandene MS-DOS- oder MS-Windows-Programme können unter **HP NewWave** gestartet werden. Unterstützt werden die *Cut and Paste* Funktion sowie der *Kontextwechsel* von MS-Windows. Um diese Integrationsstufe erreichen zu können muß die jeweilige Applikation mindestens der *"Windows Bad App"* Klasse entsprechen und über eine PIF-Datei verfügen.

Die Benutzeroberfläche der Applikation bleibt ebenso unangetastet wie ihre Schnittstelle zu dem MS-DOS Dateisystem. Kein Entwicklungsaufwand erforderlich, Integrationsaufwand in der Regel ca. 2 Stunden.

- **Ummantelte Programme**: MS-DOS- und MS-Windows-Daten können als Piktogramm in *NewWave Office* dargestellt werden. Programme und Daten können durch *Encapsulation Tools* - die den Entwicklern zur Verfügung stehen - miteinander verknüpft werden. Die Benutzeroberfläche der Applikation bleibt unverändert. Verwaltung und Speicherung der Objekte erfolgt über die *OMF*, allerdings unterliegen die Objektbezeichnungen den Limitationen von MS-DOS (max. acht Zeichen, keine Sonderzeichen usw.). Die Ummantelung selbst kann in unterschiedlichen Stufen realisiert werden; der erforderliche Aufwand hängt direkt mit der benötigten Funktionalität - und damit dem Integrationsgrad - zusammen und reicht von Manntagen bis zu mehreren Mannmonaten. (Der von HP bereitgestellte *Browser* für LOTUS 1-2-3, der dieser Applikation den höchstmöglichen Integrationsgrad verleiht - beispielsweise eine Windows-Oberfläche - wurde in ca. 20 Mannmonaten entwickelt.)

- **Echte NewWave Objekte**: Vollständige Integration in **HP NewWave** - konsistente grafische Benutzeroberfläche, vollständige Nutzungsmöglichkeit der Systemdienste und Informationsketten. Der erforderliche Entwicklungsaufwand entspricht demjenigen für MS-Windows-Applikationen, aber reduziert um die zusätzlichen Funktionen, die bereits in **HP NewWave** enthalten sind. Beispielprogramme (Quellcode) einschließlich der zugehörigen Dokumentation sind Bestandteil des **HP NewWave Developer Kit**.

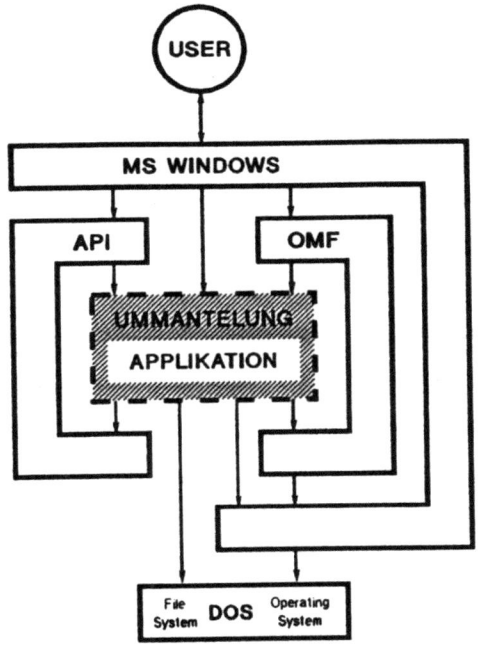

Integration bestehender Applikationen

- Aufruf von MS-DOS Programmen
- Ummantelte Applikationen

Informationstechnologie
NW320

4.7. HP NewWave Developer Kit

In der Anwendungsumgebung **HP NewWave** stecken bereits jetzt mehrere hundert Mannjahre Entwicklungsaufwand, die von Software-Entwicklern mitbenutzt werden können. Indem Entwickler auf der bestehenden Plattform aufbauen, kann der Aufwand zur Entwicklung innovativer Anwendungen drastisch reduziert werden: anstatt zu versuchen das Rad neu zu erfinden, können sich die Entwickler darauf konzentrieren, die optimale Lösung für ihre Kunden zu entwickeln.

- **HP NewWave** basiert auf Industriestandards um Investitionen in Software-Entwicklungen zu schützen.

- NewWave Anwendungen sind hochintegriert und trotzdem modular entwickelt. Dadurch ergeben sich erhebliche Vereinfachungen bei der Software-Wartung und der Weiterentwicklung im Verlauf des Produkt-Lebenszyklus.

- **HP NewWave** ist der Ursprung neuartiger Technologien, wie beispielsweise kommerziell nutzbarer KI-Anwendungen, und bietet einen Migrationsweg in Richtung neuer Plattformen - wie OS/2 oder UNIX.

- Die Möglichkeiten, die **HP NewWave** bietet, sind ideal für Software-Entwickler geeignet, die kooperative Anwendungen in vernetzten Rechnerumgebungen entwickeln, und damit bereits heute zukünftige Entwicklungen antizipieren. Mittlerweile nutzen weltweit fast 1000 Softwarehäuser und Hardware-Hersteller diese Chance; die ersten echten NewWave Applikationen sind bereits angekündigt bzw. werden bereits ausgeliefert.

Neben der Runtime Version **HP NewWave** bietet Hewlett-Packard eine Entwicklungsumgebung an. Diese Entwicklungsumgebung besteht aus folgenden Elementen:

<ins>Dienstprogramme</ins>

Trace Facility	Erlaubt "Debug Write" Statements im Code.
OMF Diagnostic	Online Utility zum Tracing des OMF-Message-Verkehrs und zur Überwachung der Eigenschaften von Objekten und Verbindungen zwischen Objekten.
Performance Pack	Hilfsmittel zur Leistungsverbesserung: Protokollierung des Ladens von Segmenten, Timing der Aktivitäten unter Windows, Kontrolle der Speicher Allokierung, Messung der Plattenzugriffe.
Help File-Builder	Werkzeug zur Erstellung der Online Hilfe-Texte.

Bibliotheken

DOS Call	Schnittstellen zum MS-DOS.
NLS	Native Language Support zur Lokalisierung der Applikation in die jeweils benötigte Sprache.
INCLUDE Files	C-Schnittstellen für NewWave Dienste.

Dokumentation

Programmer Guide	Systemüberblick und theoretische Einweisung in die Benutzung.
Programmer Reference	API- und OMF-Call-Syntax und Funktionsweise.
User Interface Design Regeln	Spezifikationen für die Gestaltung konsistenter Benutzeroberflächen.
Writer Style Guide	Spezifikationen für die Gestaltung der Benutzer-Dokumentation.
Design Beispiele	Empfehlungen zum Software-Design mit Beispielen.
Programmbeispiele	Beispielapplikationen, die als Grundlage für die eigene Software-Entwicklung benutzt werden können.

Zusätzlich bietet Hewlett-Packard verschiedene Schulungen an - von denen mindestens das 5-tägige Einführungsseminar vor Beginn der NewWave-Programmierung besucht werden sollte - sowie verschiedene Wartungsverträge zur Unterstützung der Entwickler - bis hin zu direkten Kommunikationsmöglichkeiten mit den Entwicklungslabors von Hewlett-Packard.

Als technische Voraussetzung für die eigentliche Software-Entwicklung gelten die gleichen Voraussetzungen wie bei der Runtime Version **HP NewWave**:

- kompatibler PC (mindestens INTEL 80286) mit ISA, EISA oder MCA mit mindestens EGA Bildschirm, Maus

- Mindestens 40MB Festplattenlaufwerk

- Mindestens 640kB Hauptspeicher und 3MB EMS Speicher (LIM 4.0)

- Mindestens MS-DOS 3.2 und MS-Windows 2.11

Zusätzlich werden für die Entwicklung benötigt:

- MS-Windows Developer Kit

- C-Compiler.

Detailliertere technische Spezifikationen werden in zwei Publikationen beschrieben, die bei Hewlett-Packard angefordert werden können (Hewlett-Packard GmbH, Literaturversand, Postfach 1641, 6380 Bad Homburg):

- General Information Manual for Software Developers (P/N 5954-9517)

- HP NewWave Data Sheet (P/N 5954-9516).

5. Ausblick

Um das Endziel des *Cooperative Computing Environment* zu erreichen ist natürlich noch ein langer Weg zurückzulegen, allerdings werden einige radikale - und heute noch als futuristisch erachtete - Technologien schon in Kürze (1991 bis 1995) angekündigt werden. Eine dieser Technologien, an deren Entwicklung Hewlett-Packard maßgeblich beteiligt ist, wird die multimediale Informations-verarbeitung sein.

Wie die Kombination all dieser Möglichkeiten aussehen kann, demonstriert Ihnen Hewlett-Packard gerne in einer der deutschen Vertriebszentren: Anhand eines realistischen Szenarios aus dem Bereich des Marketing- und Vertriebsmanagements wurden die heute bereits existierenden Prototypen zu einem komplexen System integriert, und die Arbeitsweise des so entstandenen Integrierten Informationssystems auf Videoband dokumentiert. Einige der Technologien die dort demonstriert werden sind:

- **Spracherkennung**: Kommunikation zwischen Mensch und Computer mittels natürlicher Sprache.

- **Öffentliche Datenbanken**: Zugriffsmöglichkeiten auf Informationsdienste, die außer den typischen Datenbank-Informationen auch Sprach- und Video-Informationen anbieten.

- **Anwendungsumgebung**: HP NewWave auf der Basis von OSF/Motif mit den Zugriffsmöglichkeiten auf die verschiedenen beteiligten Server und Dienste über eine einheitliche Anwendungsumgebung die Hardware neutral implementiert wurde.

- **CAT - Computer unterstütztes Telefonieren**: Nutzung von Video-Kommunikationsmöglichkeiten über Glasfaser- und Satellitenkommunikationsstrecken mit 56 kBit/s.

- **Hardware**: Einsatz von höchstauflösenden LC-Farbbildschirmen mit integrierter Maus, integrierter Video-Kamera und Spracherkennungs- und Sprachwiedergabemöglichkeiten - als Tischmodell und als portabler "PC".

- **Künstliche Intelligenz**: Einsatz einer KI-Anwendung zur Erstellung von Empfehlungen für das Netzwerk-Design durch einen *Agent*.

- **"Whitebording"**: Verwendung handschriftlicher Notizen auf dem PC, wobei das erzeugte Objekt (Handschrift) über eine permanente Informationskette mit weiteren PC's verbunden ist und die Notiz deshalb auch auf den PC's der Kommunikationspartner erscheint.

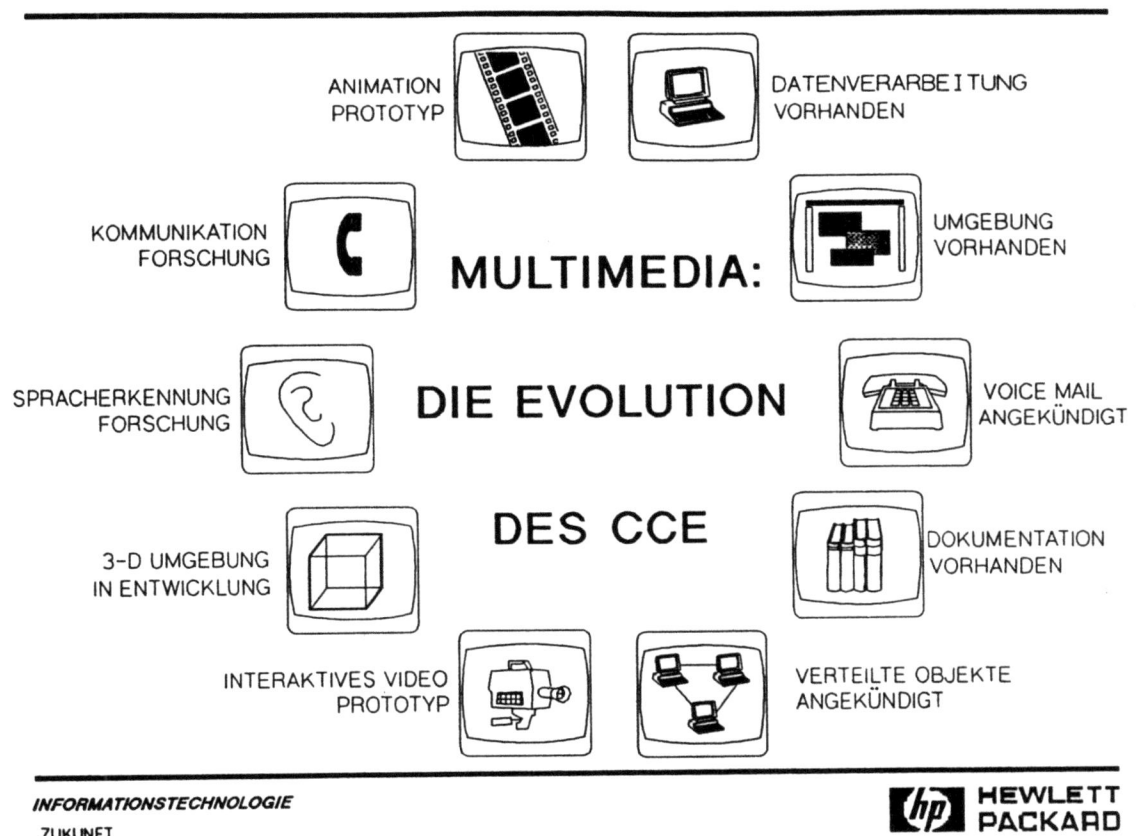

Dies kann nur ein kleiner Überblick über die Aktivitäten von Hewlett-Packard sein. Wenn Sie nach neuen Möglichkeiten suchen - sprechen Sie mit uns :

Hewlett-Packard

Wir kennen bessere Wege.

IAO-Forum
Software-Ergonomie in der Praxis

Teil II

Software-Engineering

IAO-Forum
Software-Ergonomie in der Praxis

Entwicklungsmethodik für interaktive Systeme

J. Ziegler

1 Benutzer- und Aufgabenorientierung als Basis für den Entwurf interaktiver Systeme.

Im Bereich des Software-Engineering haben sich in den vergangenen Jahren eine Reihe von Methoden für die Systemanalyse und den Systementwurf etabliert, wie z.B. die Methode der Structured Analysis. Diese und verwandte Analysemethoden legen ihren Schwerpunkt auf die Identifizierung einer geeigneten Systemabgrenzung und auf die Bestimmung der funktionalen Anforderungen für den Systementwurf. Dabei ist es wesentlich, daß in der Analysephase lediglich eine abstrahierte, logische Beschreibung des Zielsystems entwickelt wird, die noch nicht das Wie der technischen Realisierung angibt. Die mit den genannten Methoden verbundenen Techniken, wie z.B. Datenfluß-diagramme oder Entity Relationship-Diagramme, sind also darauf ausgerichtet, die Frage beantworten zu können: "Erfüllt das zu entwerfende System die identifizierten funktionalen Anforderungen"? Aus der Sicht der Softwareergonomie kann diese Fragestellung nur einen Teilaspekt der für den Benutzer eines Systems relevanten Gestaltungsgesichtspunkte abdecken: Nämlich die Frage, ob seine Aufgabenstellung überhaupt mit Hilfe des geplanten Systems zu bearbeiten sind. Für den Benutzer sind darüber hinaus eine ganze Reihe von Fragen relevant, die mit der konkreten Gestaltung des Systems und den Arbeitsabläufen damit verbunden sind. Hierzu gehören z.B. die folgenden software-ergonomischen Gestaltungsfragen:

- Wie wird die erforderliche Funktionalität zwischen Benutzer und System aufgeteilt, d.h., welche Aufgaben übernimmt der Mensch, welche der Rechner?

- Welcher Grad an Flexibilität muß bei der Bearbeitung von Aufgabenstellungen verfügbar sein?

- Welche Informationen benötigt der Benutzer bei Entscheidungsaufgaben?

- Welche Dialogwege und Interaktionstechniken werden angeboten?

Für diese Fragestellungen liefern die herkömmlichen Methoden zur Anforderungsanalyse im Software-Engineering keine Ausgangsinformationen. Um zu einer software-ergono-misch orientierten Vorgehensweise bei der Entwicklung interaktiver System zu kommen, müssen deshalb Aussagen zu den folgenden beiden Bereichen gemacht werden:

- Benutzer- und aufgabenorientierte Analyse der Systemanforderungen im Hinblick auf die spätere Nutzung des Systems

- Entwicklung eines geeigneten Vorgehensmodells, das unter Einbeziehung der späteren Systembenutzer bereits in den frühen Phasen der Systementwicklung deren Anforderungen aufnimmt, in verständlicher Weise modelliert und die Gestaltungsoptionen bewertbar macht.

Im folgenden soll dargestellt werden, welche Aspekte dabei in Verbindung mit gängigen Software-Engineering-Techniken zu berücksichtigen sind, um dem Ziel eines benutzer- und aufgabengerechten Systementwurfs näher zu kommen.

2 Vorgehensweisen und Methoden des Software-Engineering

In der Software-Entwicklung werden in zunehmendem Maß ingenieurmäßige Vorgehensweisen eingesetzt, um die Effizienz und Produktivität zu steigern und Software zu erstellen, die den Anwenderanforderungen entspricht. Um dies zu erreichen, werden Modelle zur Beschreibung des Software-Entwicklungsprozesses benötigt, in deren Rahmen Methoden des Software-Engineering eingesetzt werden können. Diese Methoden stehen zum Teil in Form von rechnergestützten Werkzeugen zur Verfügung, die unter dem weiten Begriff CASE (Computer Aided Software Engineering) zusammengefaßt sind.

Es gibt verschiedene Vorgehensmodelle für den Software-Lebenszyklus. Eine Zerlegung in einzelne Phasen beschreibt das Wasserfallmodell. Der Vorteil dieses Modells liegt in der Überprüfbarkeit der Entwicklung anhand der definierten Zwischenergebnisse für jede Phase. Demgegenüber steht jedoch der Nachteil der Inflexibilität. Diese wird, z.B. im Prototypingmodell, das eine frühzeitige Systemevaluation ermöglicht, ausgeglichen. Die Nachteile des Prototypings liegen zum Teil in der unstrukturierten Vorgehensweise. Wünschenswert ist deshalb die Kombination der strukturierten, phasenorientierten Systementwicklung mit dem Prototyping (Abb. 1).

Durch die Verwendung von strukturierten Methoden liefern die Anforderungsanalyse- und die Designphase Informationen, die in die prototypische Realisierung des Softwaresystems einfließen können. Zur Spezifikation der Anforderungen stehen verschiedene Methoden zur Verfügung.

Informale Spezifikationsmethoden, wie die textmäßige Beschreibung der Anforderungen, haben sich aufgrund ihrer Mehrdeutigkeit und Ungenauigkeit als unzureichend erwiesen.

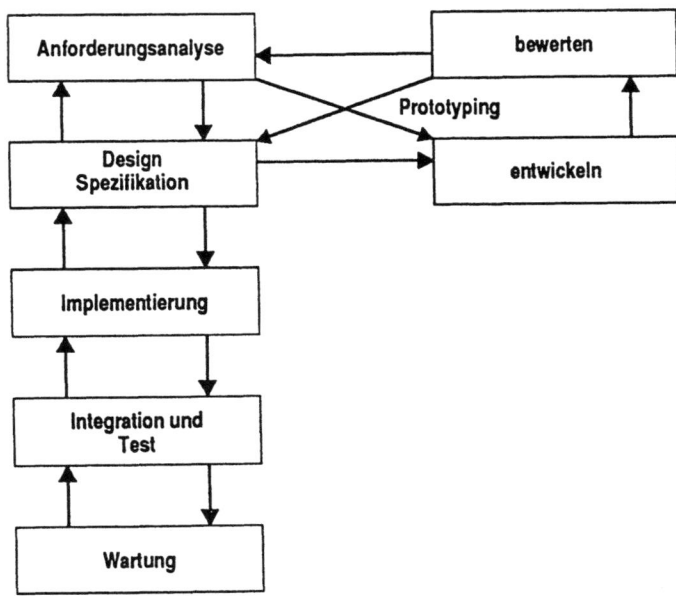

Abb. 1: Einsatz von Protoyping im Software-Lebenszyklus

Die semi-formalen Spezifikationsmethoden verfügen über eine Kombination von verschiedenen Darstellungsarten. Die graphische Darstellung in Form von Diagrammen, Baumstrukturen oder Netzen ist leichter überschaubar und als Basis für die Kommunikation zwischen Benutzer und Entwickler geeignet. Ergänzt werden die graphischen Darstellungen durch Text und Tabellen. Beispiele für derartige Methoden sind SADT (Structured Analysis and Design Technique), SSA (Structured System Analysis) /DeMarco 78/, /McMenamin, Palmer 88/, HIPO (Hierarchy-Process-Input-Output), Entity Relationship Modell /Chen 76/.

Demgegenüber stehen formale Methoden für die Spezifikation z.B. VDM (Vienna Definition Method). In diesen Bereich fallen auch die Spezifikationssprachen. Sie bieten den Vorteil, daß aus der formalen Beschreibung durch Transformation automatisch Programmcode generiert werden kann. Es gibt jedoch nur wenige Problembereiche, die durch eine formale Spezifikation beschreibbar sind. Ein weiterer Nachteil liegt in der Unverständlichkeit der Spezifikation für den Benutzer.

In der Designphase erfolgt die Zerlegung des komplexen Softwaresystems in überschaubare, handhabbare Teile. Entsprechend dem Schwerpunkt, der bei der Zerlegung gewählt wird, können verschiedene Arten unterschieden werden. Die zwei Hauptrichtungen sind Datenmodellierung und Prozeßmodellierung, die sich gegenseitig ergänzen. Im Prozeßmodell wird ein System bestehend aus Prozessen gesehen, die die Transformation der Eingabedaten zu Ausgabedaten durchführen. Im Datenmodell bilden die Daten und ihre Beziehungen den Ausgangspunkt.

Im Bereich der Prozeßmodellierung haben sich in den letzten Jahren besonders die datenflußorientierten Ansätze weit verbreitet. Diese werden besonders auch im Bereich der rechnerunterstützen Methoden genutzt. Ausgangspunkt sind dabei die Daten, die durch das System fließen und durch Transformationen verändert werden. Die Datentransformationen werden weiter verfeinert, so daß aus ihnen Funktionen abgeleitet werden können.

Bei den datenstrukturorientierten Methoden bilden die Daten die Ausgangsbasis für den Systementwurf. Datenstrukturorientierte Ansätze gehen davon aus, daß die Daten der stabilere Teil in einem Software-System und nicht so häufig Änderungen unterworfen sind wie die Funktionen.

Ein neuer Ansatz, der von Verfahren der Datenstrukturierung abstammt und in letzter Zeit zu einem Schlagwort geworden ist, ist der objektorientierte Entwurf. Hierbei werden zuerst die Datenobjekte ermittelt und anschließend die Operationen, die auf diesen Datenobjekten auszuführen sind, festgelegt. Ein zentraler Begriff bei diesem Vorgehen ist der des Objekts. Ein Objekt umfaßt nicht nur seine Daten, sondern auch die Operationen zur Bearbeitung dieser Daten. Objekte sind in sich abgeschlossen, eine Kommunikation mit ihnen kann nur über die definierten Schnittstellen erfolgen. Die Kommunikation zwischen den Objekten wird durch das Senden von Nachrichten realisiert. Es gibt verschiedene Aspekte, die für einen objektorientierten Entwurf sprechen. Die anerkannten Techniken der Softwareentwicklung, wie Modularität, Datenabstraktion und Information-Hiding werden unterstützt. Durch die Abgeschlossenheit eines Objekts wird die Wiederverwendbarkeit von Software-Komponenten gefördert. Hierdurch wird die Idee vorangetrieben, ein Software-System aus bereits vorhandenen Bausteinen zusammenzusetzen und nicht mehr jeden Teil neu entwickeln zu müssen.

3 Aufgabenanalyse

Die im vorangegangenen Abschnitt aufgeführten Methoden sind zwar dazu geeignet, das konzeptionelle Modell eines Systems zu entwerfen, sie liefern aber - wie in Kapitel 1 bereits angerissen - keine Informationen, wie sich das System dem Benutzer gegenüber darstellen sollte. Da sich Software-Ergonomie auf alle Aspekte der Software-Gestaltung bezieht, die die Arbeitsweise des Benutzers mit dem System im realen Arbeitskontext betreffen, ist das bestehende Informationsdefizit durch eine geeignete Vorgehensweise zu decken. Als Ausgangspunkt für eine software-ergonomische Betrachtungsweise sollte deshalb eine Analyse der Aufgaben des Benutzers dienen. Eine Aufgabe kann hier allgemein als die Anforderung an den Benutzer angesehen werden, durch zielgerichtetes Verhalten einen gegebenen Ausgangszustand in einen Zielzustand zu überführen. Eine Aufgabe wird dabei charakterisiert durch ein Ziel, das gegebenenfalls in entsprechende Unterziele zerlegt werden kann sowie durch die Operatoren und Methoden, mit denen der Zielzustand erreicht wird (/Card et al. 83/).

Für den Zweck einer software-ergonomischen Systemgestaltung ist es nicht ausreichend, einfach einzelne Aufgabenkomponenten zu identifizieren und zu beschreiben (z.B."Vertrag erstellen"), sondern es muß die Einbettung der einzelnen Aufgaben in den Kontext der gesamten vorgefundenen oder geplanten Arbeitstätigkeit des Benutzers berücksichtigt werden. Im einzelnen bedeutet dies, daß qualitative oder quantitative Beobachtungen bzw. Abschätzungen zu Fragen vorliegen sollten, wie z.B. Zerlegung von Aufgaben in Teilaufgaben, Übergangswahrscheinlichkeiten zwischen Aufgaben, Häufigkeit des Auftretens etc. Solche Beschreibungselemente von Aufgaben werden im folgenden als Aufgabenmerkmale bezeichnet. Für Gestaltungsfragen sind dabei die folgenden Hauptgruppen von Merkmalen von Interesse:

- Die Struktur der Zusammensetzung von Aufgaben

- Ablaufstruktur (Kontrollstruktur)

- Zugeordnete Informationen (benötigte und erzeugte Informationen)

- Ausführungsparameter

Tabelle 1 zeigt eine Zusammenstellung der wesentlichen, für die Beschreibung von Arbeitsaufgaben sinnvollen Charakteristika. Dabei lassen sich direkte Verbindungen zwischen diesen Aufgabenmerkmalen und der konkreten Systemgestaltung aufzeigen. Einige Beispiele sollen dies illustrieren:

Der Informationsbedarf für eine Aufgabe bestimmt, welche Datenfelder jeweils auf einer Bildschirmmaske zusammengeführt werden sollten. Dabei sind nicht nur die direkt operativ zu bearbeitenden Daten gemeint, sondern auch Informationen, die zur Entscheidungsunterstützung für den Benutzer dienen. Können nicht alle für die Aufgabe benötigten Daten auf einer Maske untergebracht werden, so müssen die nicht unmittelbar angezeigten Daten möglichst direkt im Dialog erreichbar sein.

Name	• Bezeichnung der Aufgabe
Art	• Aufgabentyp
Struktur	• Hierarchie der Teilaufgaben • Kontrollstruktur Teilaufgaben • Vorgänger der Aufgabe • Nachfolger der Aufgabe • Übergangswahrscheinlichkeit
Ereignis	• Auslöser für Aufgabe
Vor- und Nachbedingung	• was muß vor Ausführung erfüllt sein • was gilt nach Ausführung
Informationsflüsse	• Eingangsinformation (mit Medium und Priorität • Ausgangsinformationen • Mengengerüste • parallel benötigter Input/Output
Häufigkeit Wiederholrate Priorität Dauer	• wie oft tritt A. auf? • wie oft wird A. wiederholt? • Wichtigkeit (gekoppelt an auslösende Ereignisse • mittlere Ausführungsdauer
Vollständigkeit	• hierarchische Vollständigkeit • sequentielle Vollständigkeit
Kommunikation	• Kommunikationsanforderungen • kooperative Bearbeitung
Eingriffs- und Auswahlmöglichkeiten	• Wahl unterschiedlicher Arbeitsmittel • Wahl unterschiedlicher Verfahren • Variation in der Abfolge • Unterbrechung/Abbruch von Prozessen • Rücknahme/Stornierung
Belastungsfaktoren	• Zeit- und Termindruck • Fehlerrisiko und -folgen • Unterbrechungen
Sicherheit	• kein Verlust von Daten • kein unerlaubter Zugriff
Komplexität	• verschiedene Komplexitätsbewertgn.

Tabelle 1: Merkmale von Arbeitsaufgaben

Die Übergangshäufigkeit zwischen Aufgaben sollte bestimmen, welche "Distanz" der Benutzer im Dialog zurücklegen muß, um von einer Aufgabe zur nächsten zu gelangen. Unnötig lange Dialogwege können eine wesentliche Ursache für die Unzufriedenheit von Benutzern mit einem Software-Produkt darstellen, da sie die Effizienz der Aufgabenbearbeitung deutlich senken.

Bei häufig unmittelbar hintereinander wiederholten (repetitiven) Aufgaben ist es erforderlich, daß das System den Benutzer von den jeweiligen vorbereitenden Schritten entlasten kann. Gegebenenfalls sollten Werte aus dem vorangegangenen Arbeitsschritt in geeigneter Weise übernommen werden (im Sinne von dynamischen Defaults, z.B. Titel und Abspeicherungsort von Dokumenten in der Textverarbeitung). Die Möglichkeit zur Einstellung eines bestimmten Funktionsmodus (z.B. Lösch-Modus) kann zwar leicht zu

Benutzungsfehlern führen, bietet aber eine effiziente Möglichkeit zur Abkürzung repetitiver Aufgabensequenzen. Ähnliches kann erreicht werden, indem ein System die Möglichkeit bietet, zunächst mehrere Datenobjekte anzuwählen und dann mit einer Funktion zu bearbeiten.

Häufig ist es nicht möglich, alle vom Benutzer gewünschten Arbeitsabläufe bzw. die Veränderung von Aufgabenstellungen vorherzusehen und zu bestimmen, sei es, weil die Benutzergruppe für ein Produkt sehr heterogen ist, oder weil man dem Benutzer entsprechende Handlungsspielräume bei der Bearbeitung gewähren will. Dies ist eine aus arbeitswissenschaftlicher Sicht meist sinnvolle Anforderung. Um diese Anforderungen im Entwurf geeignet berücksichtigen zu können, sollte die Aufgabenanalyse im Sinne einer "Handlungsraumanalyse" erweitert werden. In der Handlungsraumanalyse sollte erfaßt werden, welche Folgen sich aus eventuellen Veränderungen gegenüber den ursprünglich berücksichtigten Zielen, Arbeitsabläufen etc. des Benutzers ergeben. Hierbei sind verschiedene Szenarien etwa in Form von Was-Wäre-Wenn-Fragen zu prüfen; z.B. was wäre, wenn eine bestimmte Funktion auch auf andere Daten angewendet werden sollte, oder wenn noch andere Daten zur Ausführung der Aufgabe benötigt würden.

4 Komponenten und Ablauf für eine benutzer- und aufgabengerechte Gestaltung der Benutzungsoberfläche

Im Rahmen von zwei durch das BMFT geförderten Projekten (Projektträger "Arbeit und Technik") werden zur Zeit am IAO Methoden und Werkzeuge für eine aufgaben- und benutzergerechte Systemgestaltung entwickelt.

In dem Vorhaben TASK (Technik der aufgaben- und benutzerangemessenen Software-Konstruktion, Förderkennzeichen 01 HK 849) wird in Zusammenarbeit mit zwei Software-Häusern an einer Analyse- und Gestaltungsmethodik gearbeitet. Das Ziel dieses Projekts ist die exemplarische Realisierung einer Software-Produktions-Umgebung. Unter Produktions-Umgebung wird sowohl ein CASE-Tool zur Unterstützung des Entwurfs aufgaben- und benutzerorientierter Software als auch ein Projektabwicklungsmodell und Schulungskonzept verstanden.

In dem zweiten Projekt (Unterstützungswerkzeuge zur benutzergerechten Gestaltung der Mensch-Computer-Schnittstelle, Förderkennzeichen 01 HK 409 0) werden Werkzeuge zur Integration der software-ergonomischen Gestaltungsrichtlinien und -standards in den Software-Entwicklungsprozeß entwickelt. Zur frühzeitigen Systemevaluation fließen die Ergebnisse der Analyse- und Designphase des Software-Entwicklungsprozesses in die

Realisierung von prototypischen Benutzungsoberflächen ein. Die mit Hilfe der Prototypen gewonnen Erkenntnisse können direkt in den Systementwurf übernommen und ihre Auswirkungen sichtbar gemacht werden. Diese iterative Vorgehensweise ermöglicht eine frühzeitige Systemevaluation, die Versäumnisse bzw. Fehlentscheidungen bereits in der Entwurfsphase aufdeckt und nicht erst bei der Implementierung, wo der Aufwand zur Korrektur wesentlich höher ist.

Im Rahmen der genannten Arbeiten wurde ein Vorgehensmodell (Abbildung 2) entwickelt, das die wesentlichen Schritte zu einer software-ergonomischen Systemgestaltung beschreibt. Dabei müssen diese Schritte nicht unbedingt phasenhaft durchlaufen werden, sondern können durchaus auch zu einem iterativen Vorgehen herangezogen werden. Sie beschreiben deshalb einen Rahmen mit entsprechenden Komponenten, die für den aufgaben-orientierten Systementwurf herangezogen werden sollten.

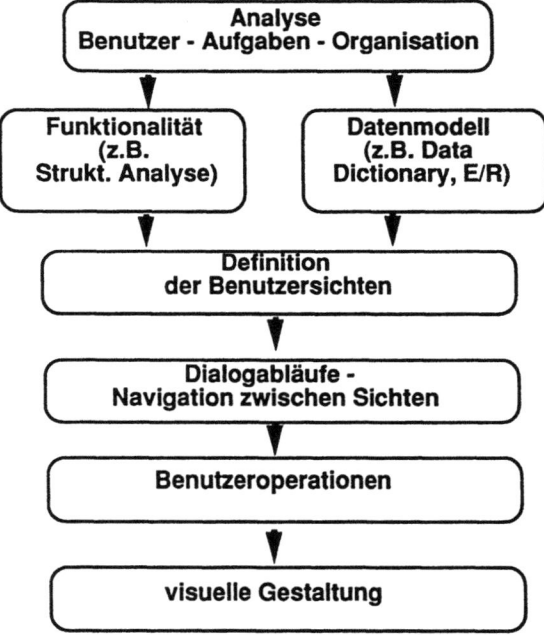

Abb. 2: Vorgehensmodell zum aufgaben-orientierten Systementwurf

Benutzer- und Aufgabenanalyse

Die im vorigen Abschnitt aufgeführten Aufgabenmerkmale lassen sich mit einem Arbeitsanalyseverfahren wie VERA (/Volpert 83/, /Rödiger 87/) weitgehend erfassen und bewerten. Diese werden dann in erweiterten Entity-Relationship- und Datenflußdiagrammen dargestellt. Dadurch werden die Aufgaben des Benutzers und die Aufgabenmerkmale bei der Anforderungsdefinition berücksichtigt.

Funktionsmodell

Der Entwurf der Funktionalität beinhaltet zunächst den Entwurf von Arbeitsabläufen und Funktionen sowie die Mensch-Rechner-Funktionsteilung. Erst danach werden Systemfunktionen verfeinert. Als Darstellungsmittel werden eingeführte Techniken wie Datenflußdiagramme verwendet.

Informationsmodell

Das Informationsmodell beschreibt die benötigten Daten und ihre Beziehungen untereinander. Es bildet im folgenden Schritt den Ausgangspunkt für die prototypische Realisierung einer Benutzungsoberfläche. Für die Darstellung des Informationsmodells wird das Entity-Relationship-Modell verwendet. Zusätzlich zu den bekannten Darstellungselementen (Entities, Relationships und deren Attribute) werden weitere Gegebenheiten durch die Angabe von semantischen Integritätsbedingungen ausgedrückt. Um komplexe Beziehungen von Entities darzustellen, können Abstraktionskonzepte wie z. B. Klassifizierung, Generalisierung und Assoziation durch entsprechende Relationen dargestellt werden.

Definition von Sichten

Basierend auf dem Informationsmodell werden sogenannte Sichten definiert, die die Informationselemente enthalten, die zur Bearbeitung einer Aufgabe am Bildschirm benötigt werden. Die Sichten beschreiben die logische Struktur der Informationen. Diese logische Struktur soll auf die Bildschirmdarstellung übertragen werden, so daß sie für den Benutzer bei der Bearbeitung der Aufgabe klar erkennbar ist. In den Sichten werden die logischen Gruppierungen festgelegt und Wiederholungsgruppen gekennzeichnet.

Die Definition der Sichten bezieht sich in erster Linie auf die im Informationsmodell dargestellten Attribute. Darüberhinaus besteht die Möglichkeit Attribute zu definieren, die zur Bearbeitung einer Aufgabe benötigt werden, aber nicht explizit im Informationsmodell vorkommen. Diese Attribute werden aus den Angaben im Informationsmodell abgeleitet.

Dialogabläufe - Navigation

Ein Teil der Dialogabläufe wird durch die Navigationsmöglichkeiten zwischen den einzelnen Sichten beschrieben. Der andere Teil der Dialogabläufe bezieht sich auf eine einzelne Sicht (z.B. Springen von Feld zu Feld in einer Maske) und wird auf dieser Ebene nicht betrachtet. Die Navigationsmöglichkeiten ergeben sich aus der Verfeinerung der vorher entworfenen Arbeitsabläufe. Die Beschreibung kann mit Hilfe von erweiterten Zustandsübergangsdiagrammen erfolgen.

Die bislang beschriebenen Komponenten beziehen sich auf die oberen Ebenen der Gestaltung. Die Methodik hierzu wird zur Zeit im Projekt TASK weiter ausgearbeitet.

Im zweiten genannten Vorhaben werden Techniken zu einer software-ergonomischen Gestaltung von Dialogen und Informationsdarstellungen werkzeugunterstützt zur Verfügung gestellt. Auf der syntaktischen und zum Teil auch lexikalischen Ebene stehen Bausteine zur Verfügung, die die logische Beschreibung von Darstellungselementen beinhalten. Die Bausteine sind dabei noch unabhängig von der Repräsentation der Benutzungsoberfläche am Bildschirm. Die Steuerung der Bausteine erfolgt durch Parameter. Dabei wird zwischen Parametern unterschieden, die sich nur auf einen einzelnen Baustein beziehen und Parametern, deren Werte sich aus dem Zusammenspiel von mehreren Bausteinen ergeben.

Für die Auswahl der Bausteine, die Abbildung der Sichten auf die Bausteine und die Festlegung der aktuellen Parameter der Bausteine wird ein Expertensystem eingesetzt. In der Wissensbasis liegen die Beschreibungen der Bausteine in Form von Objekten vor. Die Konfiguration und Kombination der Bausteine wird durch Regeln beschrieben. Die Regeln sind Umsetzungen der software-ergonomischen Gestaltungsrichtlinien. Mit Hilfe der Regeln können auch eigene Standards definiert werden. Durch den Austausch der Regeln ist die Erzeugung von verschieden gestalteten Benutzungsoberflächen möglich. Ebenso können verschiedene Bausteinsätze definiert und durch den Wechsel der Bausteine unterschiedliche Benutzungsoberflächen generiert werden.

Auf der einen Seite führt die Generierung der Benutzungsoberfläche aus Regeln zur leichten Änderbarkeit der Benutzungsoberfläche und Anpassung an neue Richtlinien. Ein Aspekt dabei ist die inkrementelle Implementierung der Wissensbasis. Bereits mit wenigen Regeln kann ein Ergebnis erzielt werden. Neue Richtlinien und Erkenntnisse können in Form von Regeln hinzugefügt werden und zu einer Verbesserung des Ergebnisses beitragen. Es ist nicht notwendig, sich auf das zu Beginn eines Projekts vorhandene Wissen zu beschränken.

Auf der anderen Seite werden durch die Anwendung von Regeln konsistente Benutzungsoberflächen erzeugt. Dies ist bei einer konventionellen Programmierung, bei der die Benutzungsoberfläche für jede Anwendung neu erstellt wird, nicht gewährleistet. Auch bei der Verwendung von Toolkits ist das Zusammenspiel der einzelnen Komponenten konventionell zu programmieren, so daß auch hier für die Konsistenz zusätzliche detaillierte Richtlinien notwendig sind.

Der letzte Schritt bei der Erzeugung der Benutzungsoberfläche bezieht sich auf die lexikalische Ebene. Für die physikalische Darstellung der Benutzungsoberfläche am Bildschirm dienen die Beschreibungen der parameterisierten Bausteine als Eingabe für User Interface Management Systeme (UIMS), oder es kann eine Abbildung auf die Elemente eines Toolkits vorgenommen werden. Durch Austausch des Toolkits bzw. UIMS können verschiedene "look and feel" Richtungen unterstützt werden.

5 Ausblick

Bislang werden bei der oben beschriebenen Vorgehensweise die meisten Informationen aus dem Datenmodell gewonnen. Insbesondere für die Dialogsteuerung ist zu untersuchen, wie die Ableitung diesbezüglicher Informationen aus den Ergebnissen der Analyse- und Designphase des Software-Entwicklungsprozesses unter Einbeziehung des Prozeßmodells erweitert werden kann.

Für den breiten Einsatz der Vorgehensweise werden zur Zeit Konzepte zur Anbindung an die auf dem Markt vorhandenen CASE Werkzeuge erstellt. Dies ermöglicht den direkten Zugriff auf die in der Analyse- und Designphase gewonnen Informationen.

Der momentanen Einschränkung auf transaktions-orientierte Systeme soll eine Erweiterung auf Systeme mit graphisch-interaktiver Benutzungsoberfläche folgen. Dazu ist die Umsetzung der Standards und Richtlinien für die Gestaltung graphischer Benutzungsoberflächen in anwendbare Regeln notwendig.

6 Literatur

/Beck 89/
    Astrid Beck; Ernst Müller-Haffner: Aufgabenanalyse. Ein Überblick über Methoden zur Analyse von Arbeitsaufgaben, Projektbericht, Stuttgart, 1989 (wird momentan aktualisiert)

/Card et al. 83/

S.K. Card, T.P. Moran, A. Newell: The Psychology of Human-Computer Interaction. Hillsdale (NY), Lawrence Erlbaum, 1983

/Chen 76/

Peter Chen: The Entity-Relationship Model - Toward a Unified View of Data, ACM Transactions on Database Systems, Vol. 1, No. 1, 1976

/DeMarco 78/

Tom DeMarco: Structured Analysis and System Specification, Yourdon Press, New York, 1987

/McMenamin, Palmer 88/

S. M. McMenamin, J. F. Palmer: Strukturierte Systemanalyse, Hanser Verlag, 1988

/Rödiger 87/

Rödiger, K.-H.: Das Arbeitsanalyseverfahren VERA/B in der Softwareentwicklung. In: Nullmeier, E./Rödiger, K.-H. (Hrsg.): Dialogsysteme in der Arbeitswelt, Mannheim, 1987

/Shneiderman 87/

B. Shneiderman: Designing the User Interface, Strategies for Effective Human-Computer-Interaction, Addison-Wesley 1987

/Volpert 83/

Volpert, W. ; Oesterreich, R. ; Gablenz-Kolakovic, S. ; Krogoll, T. ; Resch, M.: Verfahren zur Ermittlung von Regulationserfordernissen in der Arbeitstätigkeit (VERA), Köln, 1983

/Ziegler 88/

Ziegler, J.: Aufgabenanalyse und Funktionsentwurf. In: Balzert, H. ; Hoppe, H. ; Oppermann, R. ; Peschke, H. ; Rohr, G. ; Streitz, N. (Hrsg.): Einführung in die Software-Ergonomie, Berlin: De Gruyter, 1988, 231-252

Jürgen Ziegler

Fraunhofer-Institut für Arbeitswirtschaft und Organisation

Nobelstraße 12

7000 Stuttgart 80

Tel. 0711/970-2334

IAO-Forum
Software-Ergonomie in der Praxis

Praktische Anwendung objektorientierter Technologien in der Software-Entwicklung

R. Vorwerk

Am Anfang stand die Unzufriedenheit...

Besser als alle Worte beschreibt diese Graphik das alte und neue Dilemma der Software Industrie. Die vielzitierte Krise in der Software Branche ist trotz enormer methodischer Anstrengungen in den letzten Jahren noch nicht gemeistert.

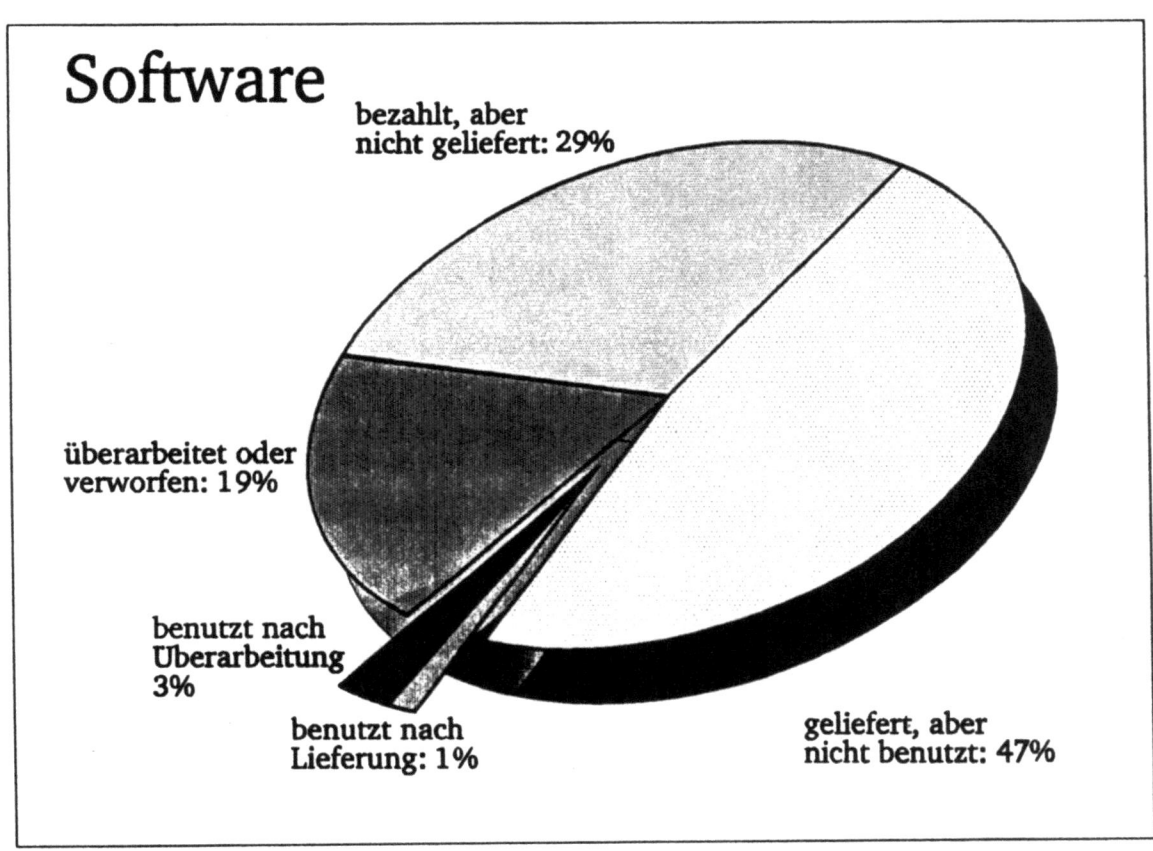

Hoffnungsträger der letzten Dekade waren CASE-Tools und Structured Analysis. Angetreten, um die Software Entwicklung in den Rang einer ingenieursmäßigen Disziplin zu befördern, haben sie inzwischen den Markt mit einer Vielzahl von teuren und zeitaufwendigen Tools und Methoden überschwemmt.

Das Lob, das dem Zugewinn an Strukturiertheit, Konsistenz und Dokumentation von CASE-Anhängern gezollt wird, kann allerdings nicht darüber hinwegtäuschen, daß das finanzielle und planerische Risiko eines Softwareprojekts keineswegs in dem Maße gesunken ist, wie man es angesichts des betriebenen Aufwandes hätte erwarten können.

Auch der Zuwachs an Software-Qualität bleibt in einem eher bescheidenen Rahmen. Von nennenswerten Produktivitätssteigerungen kann schon gar nicht die Rede sein, weil die wichtigste Voraussetzung dafür, nämlich die Wiederverwendbarkeit von Design-Teilen und Modulen, bisher nicht gewährleistet ist.

CASE, seine Schwachstellen und unsere Konsequenzen.

Es mehren sich die CASE-Kritiker, die aus der Sicht des Anwenders die Beseitigung gravierender methodischer Mängel verlangen. Die meisten Fehler eines Software-Systems haben ihren Ursprung in der Anforderungsanalyse.

Die Strukturierte Analyse geht von dem Ideal eines Kunden aus, der in der Lage ist, seine Anforderungen an eine Anwendung systematisch und lückenlos zu definieren. Dies ist jedoch Wunschdenken, und die Fehler, die daraus resultieren, sind nur mit erheblichem Aufwand zu beheben. Es ergibt sich deshalb ein Bedarf nach neuen Methoden für diese Phase, um dem Benutzer die Möglichkeit zu geben herauszufinden, was er wirklich will. Erst danach darf eine detaillierte Spezifikation erfolgen.

Dem Kunden kann nicht länger zugemutet werden, das Risiko einer Fehlentwicklung bis zur Testphase zu tragen. Mit den herkömmlichen Methoden gibt es in allen vorangehenden Phasen des Entwicklungszyklusses keine Sicherheit, daß Systemmodell und Systemdesign die Wünsche des Kunden optimal abbilden. Fast bis zum Ende der Entwicklungszeit bleibt die Kardinalfrage des Kunden: "Leistet das System wirklich das, was ich von ihm erwarte?" unbeantwortet.

Die Entwicklungszeiten für Software-Produkte müssen erheblich verkürzt werden. Es ist ein Unding, daß Software-Produkte schon während ihrer Entwicklungszeit so stark veralten, daß sie nach ihrer Auslieferung wieder einem umfangreichen Redesign unterworfen werden müßten. Wir müssen die Realität so akzeptieren, wie sie ist, und das heißt auch, daß Kunden ihre Anforderungen an Software während der Entwicklungszeit ändern.

Die Modellierung des Systems mit den Methoden der Strukturierten Analyse ist eine Einbahnstraße: Das Austesten und Vergleichen von Alternativlösungen ist nicht vorgesehen, da die Entwicklung jeder Alternative im Grunde wieder ein neues Projekt wäre und den finanziellen und zeitlichen Rahmen verdoppeln würde. Ganz abgesehen davon, daß man zwei Systemmodelle, die nur auf dem Papier existieren, schlecht miteinander vergleichen kann.

Die Verifikation der Produkttauglichkeit erfolgt in einer sehr späten Phase des Entwicklungszyklusses. Wird erst hier ein Fehler entdeckt, ist der Aufwand zu seiner Behebung enorm hoch.

In jedem neuen Projekt wird sozusagen das Rad neu erfunden; d.h. solange es kein praktikables Verfahren für die Wiederverwendbarkeit von Code und Modulen gibt, müssen die gleichen Routinen immer wieder neu geschrieben werden. Für eine ingenieursmäßige Disziplin der High-Tech Branche ist das ein geradezu skandalöser Anachronismus.

Tatsächlich resultiert das Risiko von Softwareprojekten aus diesen gravierenden Mängeln in der Projekt-Ablauforganisation.

Unsere Lösung des Problems

vorwerk consulting hat zwei bewährte Verfahren aus der Industrie in seine Softwareentwicklung übernommen: Das **Prototyping** oder realitätsnahes "Entwickeln im Windkanal". Das **Baustein-Prinzip**, d.h. Software-IC's mit genormten Schnittstellen sind in vielen Anwendungen wiederverwendbar.

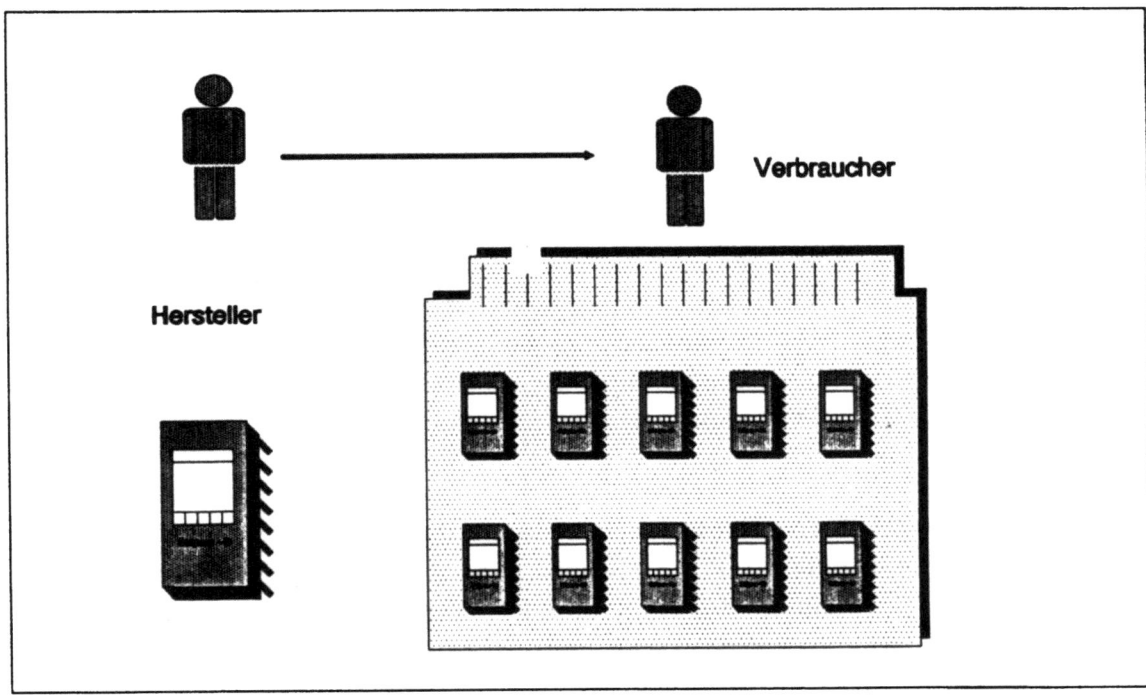

Welche Vorteile hat Prototyping?

In fast allen Industriezweigen, z.B. in der Auto- und Flugzeugindustrie, ist es üblich, einen Prototyp zu entwickeln, bevor ein Produkt in Serie geht. Man benutzt diese Prototypen, um ihr Verhalten auszutesten, eine Entscheidungsgrundlage für die Weiterentwicklung zu finden und dem Auftraggeber einen konkreten Eindruck von seinem zukünftigen Produkt zu vermitteln. Ein voll funktionsfähiger Prototyp ist in der Regel die Voraussetzung für die Vergabe eines Auftrags und für die Finanzierung der zweiten Stufe. Dies ist vernünftig.

Bis vor kurzem hat die Software Branche nicht ernsthaft daran gedacht, dieses Modell zu übernehmen. Die Entwicklung eines Software Systems galt als so komplex, daß die Entwicklung eines Prototypen dem Aufwand für das Endprodukt gleichgekommen wäre. Das, was bisher als Prototyping firmierte, war bestenfalls eine statische Visualisierung von Masken.

Um Prototyping in unserem Sinne handelt es sich aber erst dann, wenn der Prototyp die komplette Funktionalität einer Anwendung beinhaltet und ablauffähig ist.

Bei einem so verstandenen Prototyping handelt es sich um ein Verfahren zur Anwendungsentwicklung, das ein frühzeitiges Experimentieren mit einem vollständigen Modell des Zielsystems ermöglicht. Im Vergleich zu einer detaillierten Systemspezifikation auf Papier schneidet dieser Ansatz in jeder Hinsicht besser ab.

Praxisvergleiche haben ergeben,

daß Produkte durch Prototyping mit bis zu 50% weniger Entwicklungsaufwand hergestellt werden. Dieser innovative Ansatz trägt auch der Tatsache Rechnung, daß der Auftraggeber nur selten in der Lage ist, seine Anforderungen an die Anwendung so strukturiert und vollständig an den Entwickler weiterzugeben, wie es für die Entwicklung eines konsistenten Systems notwendig wäre. Anforderungslükken werden aber sichtbar, wenn beim Ablauf des Prototypen Reaktionen oder Ergebnisse auftreten, die eindeutig den Anforderungen des Auftraggebers widersprechen.

In einem iterativen Korrekturprozeß kann dann der Prototyp optimiert werden. Diese großartige Möglichkeit zur Rückkopplung und Kooperation zwischen Anwender und Entwickler ist ein eindeutiger Vorteil gegenüber traditionellen Software-Endwicklungskonzepten ohne Prototyping.

Prototyping reduziert nachträglich auftretende Veränderungswünsche des Anwenders auf ein Minimum. Damit ist der größte Kostenverursacher im Softwareentwicklungsprozeß unschädlich gemacht. Ein erheblicher Teil der Gesamtkosten eines Softwareprojekts lässt sich dadurch einsparen.

Prototyping fördert eine gedeihliche Zusammenarbeit zwischen Anwender und Entwickler. Mißverständnisse werden frühzeitig ausgeräumt. Der Anwender identifiziert sich schnell mit dem System.

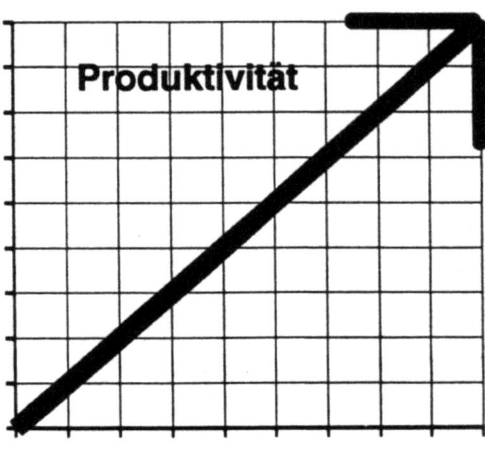

Die anschließenden Realisierungsarbeiten können auf einer gesicherten Basis ausgeführt werden. Entwicklungskosten halten sich in überschaubaren Grenzen, komplette Investitionsruinen sind ausgeschlossen.

In einer optimalen Prototyping-Infrastruktur wird der Prototyp Bestandteil des Zielsystems. Er ist also kein Wegwerf-Modell. Er bleibt auch nach Fertigstellung des Produkts als Referenzsystem für Änderungen erhalten.

Der Prototyp gewährleistet offene Funktionalität für spätere Zusatzanforderungen.

Das Erstellen von Prototypen ist kein Problem.

Der Grund, weshalb sich Prototyping bisher nicht effektiv und kostengünstig einsetzen ließ, lag in den Entwicklungsumgebungen der dritten Generation.

Mit COBOL oder anderen prozeduralen Sprachen Prototypen einzurichten, ist vom Aufwand her nicht vertretbar.

Dies hat sich mit dem Aufkommen Objektorientierter Programmiersysteme schlagartig geändert.

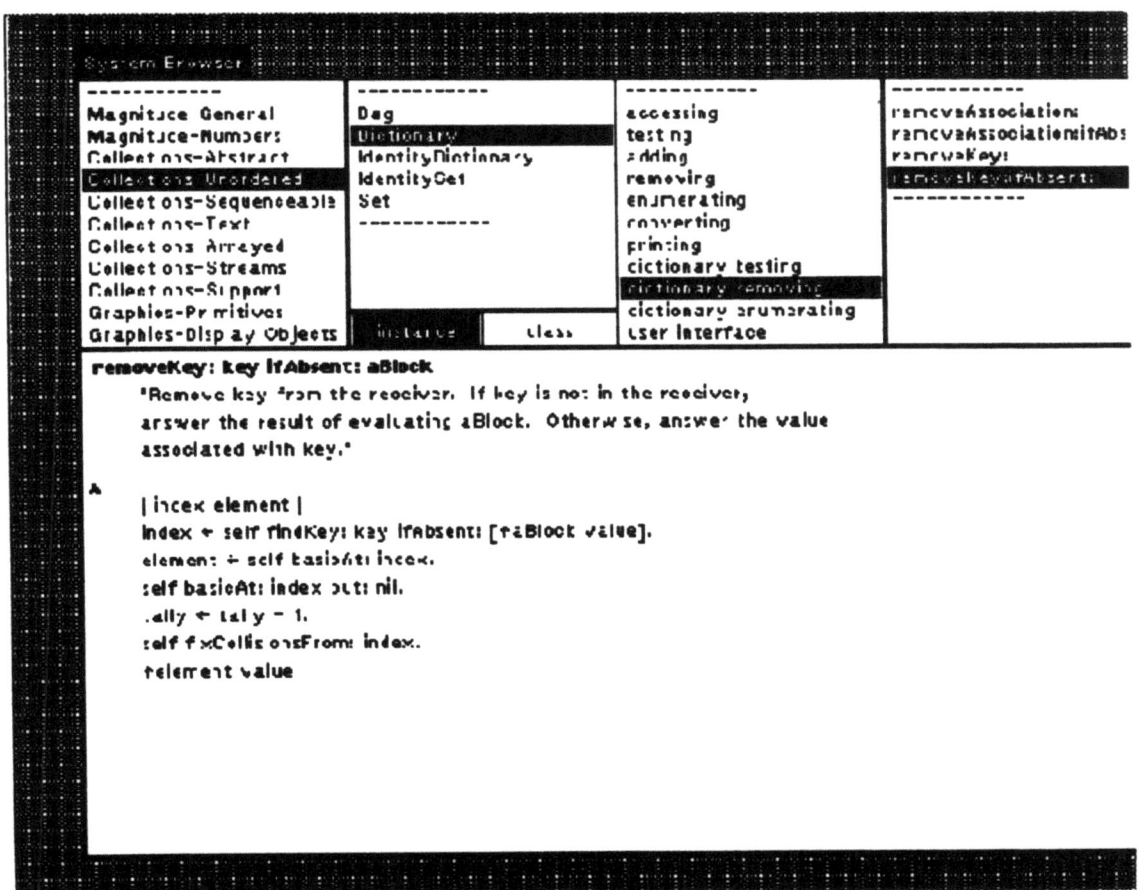

Objektorientierte Sprachen arbeiten mit diskreten, wiederverwendbaren Bausteinen, die in einer gut sortierten, hierarchisch gegliederten Bibliothek dem Programmierer zur Verfügung stehen. Hier kommt das Lego-Prinzip zum Tragen. Hinter diesem Prinzip steht ja die simple Erkenntnis, daß beispielsweise ein Krankenhaus und eine Tankstelle zu etwa 70% aus gleichen Normteilen bestehen. Die restlichen 30% lassen sich durch geringfügige Änderungen aus Normteilen ableiten oder müssen neu konstruiert werden. Ähnliche Relationen gelten für Software-Produkte.

Diese Tatsache machen sich objektorientierte Systeme zunutze und arbeiten mit Programm-Normteilen, die Objekte genannt werden. Smalltalk zum Beispiel verfügt standardmäßig über 4800 Normteile in mehr als 430 Baukästen. Allein damit können schon eine ganze Reihe unterschiedlicher Software-Gebäude gebaut werden.

Programmieren in einer OOPS heißt immer: Bestehendes nutzen, spezialisieren und ergänzen. Jede Problemlösung in Form eines neuen Bausatzes bleibt im System erhalten, das damit von Anwendung zu Anwendung weiter wächst und an Leistungsfähigkeit zunimmt. Ein weiterer großer Vorteil gegenüber herkömmlichen Sprachen.

Dieser Ansatz des Objektorientierten Programmierens beinhaltet eine sehr klare, durchgehende Modularisierung und ermöglicht dadurch eine bisher unerreichte Qualität und Effizienz in Entwurf, Implementierung, Wartung und Wiederverwendbarkeit auch sehr komplexer Software-Systeme.

Unsere Kollektion wiederverwendbarer Softwarebausteine

Datenstrukturen:	Tabellen, Relationale Strukturen, Hierarchische Strukturen, Dictionaries
Zahlensysteme:	Integer, Realzahlen (64-Bit Genauigkeit), Echte Brüche, Komplexe Zahlen, Rechnen mit unendlichen Werten, Integratoren
Modellstrukturen für:	Browser, Editoren, Monitorsysteme, Inpektoren, Datenbankzugriffe, Hierarchische Bäume
Dateien:	Sequentiell, indexsequentiell
Anzeigewindows für:	Text, Listen, Images
Menusteuerung, Prompter	

Graphik-Unterstützung:	Manipulation von Images, Funktionsdarstellungen, Biteditoren
Prozeßsteuerung:	Multiprocessing, Diskrete Simulation, Wahrscheinlichkeitsverteilungen, Statistische Auswertungen
Terminalunterstützung	
Interaktive Graphik:	zur Anzeige und Manipulation numerischer Werte

OOPS beinhalten zumeist ein reich ausgestattetes Entwicklungslabor für Software. Multifunktionale Fenstertechnik und eine Reihe von Werkzeugen unterstützen den für das Prototyping erforderlichen explorativen Programmierstil. Alle Fenster sind kontext-sensitiv, d.h. man erhält in jedem Fenster die richtigen Auswahlmenues und kann unterschiedliche Arbeiten in ihnen durchführen. Von den Werkzeugen sind drei besonders hervorzuheben, weil sie maßgeblichen Anteil an der Leistungsfähigkeit des Systems haben:

Der **Browser** macht den Code aller Bausteine des Systems zugänglich. Unterschiedliche Fensterausschnitte geben dem Programmierer Einblick in die Systemhierarchie und die zugehörigen Bausteine. Der Sourcecode eines markierten Bausteins erscheint in einem Editorfenster. Er kann modifiziert und rekompiliert werden. In Form von Anlageschablonen bietet der Browser auch Hilfestellung beim Anlegen neuer Bausteine und Normteile.

Der **Inspector** gibt dem Benutzer die Möglichkeit, sich die Werte von Variablen anzeigen zu lassen. Auch im Inspect-Modus können sämtliche Variablen geändert werden. Dies ist besonders interessant für das Austesten von Bausteinen.

Der **Debugger** zeigt jeden durch einen Programmfehler unterbrochenen Prozeß an. In einem Fensterausschnitt zeigt der Debugger sämtliche bis zum Abbruch durchgeführten Methoden an und markiert die Nachricht, die nicht ausgeführt werden konnte. Auch in diesem Modus kann sich der Benutzer den Code sämtlicher Bausteine ansehen und ihn manipulieren. Mit Hilfe des Inspectors kann er sich die Veränderung von Variablen während des Programmlaufs ansehen und auch diese verändern.

Fehlersuche und -korrektur und Systemevolution gehen in dieser komfortablen Umgebung Hand in Hand. Mit diesen Unterstützungstools im Hintergrund kann man das Systemdesign formen wie Ton. Zum schnellen Ausprobieren von Alternativen wird man förmlich herausgefordert, denn der Aufwand, der für die Modifizierung von Bausteinen, den Testlauf, die Lokalisierung von Änderungseffekten und die incrementale Kompilierung von Code benötigt wird, ist so gering, daß er nicht ins Gewicht fällt.

Es versteht sich von selbst, daß sich die Produktivität eines Programmierers in einer solchen Umgebung drastisch erhöht.

Anwendungen

Mit der hier vorgestellten Vorgehensweise sind unterschiedlichste Projekte realisiert worden. Dazu gehören:

Ein Management-System für Programmierkapazitäten

Diverse Prototypen im Rahmen der Kraftfahrzeugelektronik

Kommerzielle Applikationen, wie Fremdwährungsbuchhaltung, Vertriebssteuerung etc.

Diese objektorientierte Vorgehensweise haben wir zu einem **Software Construction Kit** zusammengefügt.

Das Software Construction Kit ist eine unter OS/2 und MS-DOS ablauffähige Softwareentwicklungsumgebung zur Ergänzung vorhandener CASE-Tools. Die wesentlichen Bestandteile sind das **Rapid Prototyping Center** zur einfachen Erstellung funktionaler Modelle geplanter Anwendungen, ein Quellcode-Generator zur Weiterverwendung der Prototyp-Ergebnisse sowie ein Construction Kit zur Unterstützung der Source-Code-Erstellung. Das Construction Kit wird wird ein Project Data Dictionary, einen ScreenPrinter, einen Logiktester und ein Entscheidungstabellmodul ergänzt.

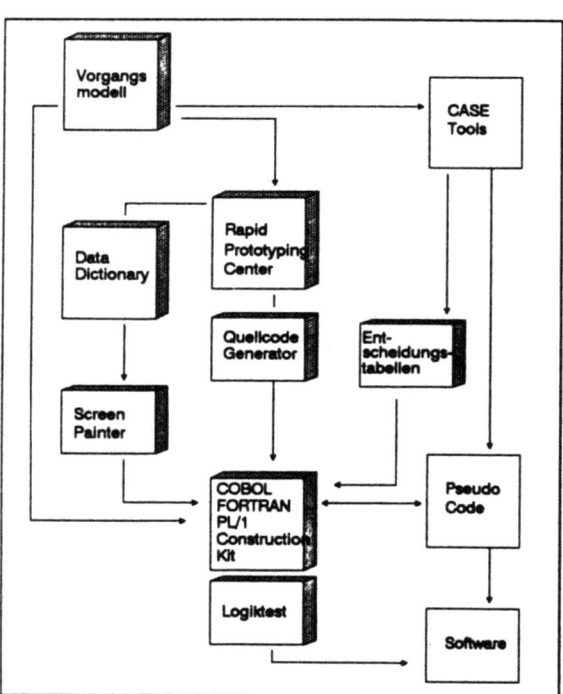

IAO-Forum
Software-Ergonomie in der Praxis

Erfolgversprechende Einführung von CASE-Komponenten im Unternehmen

E. Zander

Gliederung:
1. Definition von CASE
2. Ziele von CASE
3. Die CASE-Umgebung
4. Produktivitätserhöhung durch CASE
5. Einführung von CASE im Unternehmen
6. Probleme beim Einführen von CASE
7. Schlußbemerkungen

1. Definition von CASE

CASE ist in der Datenverarbeitung das Schlagwort des Augenblicks! Wie es bei Schlagwörtern üblich ist, wird es häufig gebraucht; aber eine klare, einhellige und von allen akzeptierte Definition ist nicht vorhanden. Es besteht sogar der Eindruck, daß von vielen Seiten eine klare Definition nicht gewünscht ist. Software-Lieferanten beispielsweise sehen bei der Vermarktung ihrer Software-Werkzeuge unter dem Oberbegriff "CASE" eine größere Chance. Hardware-Lieferanten bieten ihre Produkte als besonders für CASE geeignet an. Nicht zuletzt sind viele DV-Manager als Anwender von Software-Hilfsmitteln nicht unglücklich, wenn sie diese unter "CASE" einordnen können, um damit Fortschrittlichkeit und Modernität in ihrer Arbeit dokumentieren zu können.

In einem Fachvortrag jedoch ist es erforderlich, klar darzulegen, worüber gesprochen wird. Daher soll für diese Abhandlung folgende Definition gelten:

> CASE ist eine Architektur für eine Kombination von Methoden, Techniken und Produktivitäts-Werkzeugen, um die System-Entwicklung in der Informations-Verarbeitung computermäßig zu unterstützen und weitgehend zu automatisieren.

Es soll jedoch auch an einigen Beispielen verdeutlicht werden, was vom Verfasser nicht unter CASE eingeordnet wird: z.B. der Einsatz von Fertig-Software, 4GL's, Reverse Engineering, Object Orientierte Programmierung, Datenbank-Systeme, KI, Expertensysteme, Systemnahe Software wie Betriebssysteme, DB-Monitore etc.

2. Ziele von CASE

Der Anwender von CASE-Komponenten verfolgt mit CASE in erster Linie das Ziel, seinen Kunden im Unternehmen gezielter und besser bedienen zu können, um damit den Beitrag des DV-Bereiches zum Erreichen der Unternehmensziele zu erhöhen. Ferner soll ihn CASE in die Lage versetzen, maßgeschneiderte DV-Systeme so effizient zu entwickeln, daß der Einsatz von Standard-Software vom Markt, was oft zu umfangreichen Klagen über mangelnde Funktionalitäten führt, in bestimmten Bereichen des Unternehmens unattraktiv wird.

Diesen generellen Zielen sind direkte Ziele in bezug auf CASE zuzuordnen, z.B.

- die Bereitstellung Computerunterstützter Hilfen für die Entwicklung und den gesamten Lebens-Zyklus von DV-Systemen;

- die Senkung der DV-System-Entwicklungskosten und der nachfolgenden Pflegekosten der DV-Systeme;

- Zeitgewinn zu erzielen bei der DV-System-Entwicklung, um dem Anwendungsstau entgegenzuwirken;

- Erhöhung der Qualität der zu entwickelnden DV-Systeme, d.h. verbesserte Pflegemöglichkeit, Performance-Erhöhung, Benutzer-Freundlichkeit;

- Erhöhung der Produktivität der DV-System-Entwickler bei gleichzeitig steigenden Anforderungen;

- Verbesserung der Flexibilität der DV-Systeme, um schneller, kostengünstiger und gezielter Änderungen adaptieren zu können.

Durch diese Zielsetzungen ergeben sich für den Anwender von CASE-Komponenten wichtige und eindeutig zu formulierende Anforderungen, von denen nachstehend einige Beispiele aufgeführt werden:

- Methoden-Unabhängigkeit

- Programmier-Sprachen-Unabhängigkeit

- Anwender-Freundlichkeit, gute Bediener-Oberfläche

- vertretbares Antwortzeitverhalten

- Mainframe-, Abteilungsrechner- und PC-Fähigkeit

- Netzwerk-Fähigkeit

- SAA-Fähigkeit

- Standardisierung

- Berücksichtigung von Standard-Software.

3. Die CASE-Umgebung

CASE liegt eine Architektur zugrunde, die aus fünf Abteilungen besteht:

1) einer zentralen System-Entwicklungs-Datenbank, dem sog. 'Repository';

2) den sog. 'Front-end'-Werkzeugen zur Unterstützung der Planungs-, Analyse- und Design-Phasen eines Projektes;

3) den sog. 'Back-end'-Werkzeugen, um die Programmier- und Testphasen des Projektes zu unterstützen;

4) den reinen Unterstützungs-Werkzeugen zur Durchführung und zum Managen des Projektes;

5) den Hilfsmitteln zur Unterstützung bei der Pflege der Systeme.

Es würde den Rahmen dieses Themas sprengen, auf diese Abteilungen detailliert einzugehen.

4. Produktivitätserhöhung durch CASE

Um CASE in einem Unternehmen einzuführen, badarf es einer CASE-Konzeption, die das Ergebnis einer Analyse ist, für die die IS-Ziele und IS-Strategien die Basis bilden. Die Umsetzung der CASE-Konzeption, d.h. die Einführung von CASE-Werkzeugen nach einer abgestimmten Vorgehensweise erhöht zweifelsfrei die Produktivität des DV-Bereiches. Es darf aber nicht übersehen werden, daß CASE lediglich einen Teil des DV-Bereiches im Unternehmen betrifft, nämlich die DV-Anwendungs-Entwicklung und -Pflege. Das Reduzieren der Gesamt-DV-Kosten um ca. 10 % durch CASE dürfte daher schon eine respektable Leistung sein.

Die hohen Prozentsätze, mit denen clevere Verkäufer von CASE-Tools operieren oder die in der Werbung zu lesen sind, sind mit der gebührenden Vorsicht zu genießen; sie spiegeln in der Regel nicht die Realität wider oder gehen von einer falschen Vergleichs-Basis aus. Eine CASE-Analyse sollte idealerweise mit einer strukturierten Analyse des gesamten DV-Bereiches einhergehen (z.B. der Methode SAIB = Strukturierte Analyse des DV-Bereiches, wie sie von der PMS-Consult GmbH angeboten wird). Diese Analyse zeigt als Ergebnis bestehende Schwachstellen im DV-Bereich auf, z.B. in der

Zusammenarbeit der einzelnen DV-Abteilungen, der Effizienz des Rechenzentrums, Schwachstellen in der Datenhaltung, Effizienzgrad der Entwicklung etc.

Beide Analysen zusammen versprechen eine signifikante Produktivitäts-Steigerung des gesamten DV-Bereiches und damit auch einen effizienten Einsatz von CASE im Unternehmen.

5. Einführung von CASE im Unternehmen

Entscheidungen pro CASE zu treffen ist relativ einfach, CASE- Komponenten im Unternehmen mit entsprechendem Erfolg einzuführen, kann eine Sisyphus-Arbeit sein, wenn die Einführung nicht in jeder Hinsicht gut vorbereitet wird.

In dieser Abhandlung wird ein 7-Punkte-Programm für eine erfolgversprechende Einführung von CASE vorgestellt, deren einzelne Punkte näher besprochen werden sollen:

5.1. CASE-Konzept erarbeiten und die Zielsetzung für das Unternehmen definieren

CASE setzt in einem Unternehmen in der Regel nicht auf der grünen Wiese auf! Es sind in den abgelaufenen Jahren viele Programme entwickelt worden, deren Pflege mit hoher Wahrscheinlichkeit mit heutigen CASE-Werkzeugen nicht unterstützt werden kann. Daraus folgert, daß CASE für alle Projekte und Systeme von Bedeutung ist, die neu entwickelt werden. Diese Feststellung wird von vielen Managern oft übersehen.

Ein CASE-Konzept ist daher eine wichtige Grundlage, um den Rahmen der CASE-Einführung abzustecken. Dieses Konzept sollte auf CASE-Zielen basieren, die im Unternehmen abgestimmt und entsprechend dokumenmtiert sind.

In den Zielen ist zu definieren, was mit CASE im Unternehmen schwerpunktmäßig erreicht werden soll, z.B.

- Schaffung einer einheitlichen Entwicklungs-Umgebung;

- Reduzierung der Entwicklungs- und Pflegekosten;

- schnellere Umsetzung von DV-Anforderungen;

- Unterstützung der System-Analyse;

- Unterstützung zukunftsweisender Entwicklungs-Methoden (z.B. OOP).

Auf der Grundlage dieser CASE-Ziele ist das CASE-Konzept zu entwickeln, in dem bespielsweise auf folgende Fragen eine Antwort gegeben werden sollte:

- Welche CASE-Komponenten sind für das Unternehmen von Bedeutung?
- Auf welcher Hardware im Unternehmen sollen welche CASE-Werkzeuge eingesetzt werden?
- Wie sollen und können vorhandene CASE-Tools integriert werden?
- Soll Durchgängigkeit der CASE-Tools angestrebt werden?
- Wie ist die Einführungsstrategie?
- Wie soll die schrittweise Einführung realisiert werden?

5.2. Wirtschaftlichkeits-Betrachtungen

CASE gibt es nicht umsonst! Es wird oft übersehen, daß die Einführung von CASE aufwendig ist und nicht sofort greift. Daher ist es wichtig, für CASE eine Wirtschaftlichkeit nachzuweisen, so unpopulär dies auch sein mag. Die CASE-Einführung ist ein DV-Projekt! Wie jedes DV-Anwendungs-Projekt muß sich auch die CASE-Einführung wirtschaftlich rechtfertigen.

Diese Tatsache wird von vielen DV-Managern ignoriert, weil sie CASE ausschließlich für ein strategisches Hilfsmittel halten und dafür angeblich eine Wirtschaftlichkeit nicht zu ermitteln sei. Diese Einstellung ist leichtfertig und kann zu Fehlinvestitionen führen.

Sicherlich ist es schwer, den Nutzen von CASE-Komponenten zu quantifizieren; aber es ist auf vielen Gebieten möglich, z.B. die Einschätzung der Produktivitäts-Steigerung, die Beschleunigung der System-Entwicklung etc. Dabei ist zu berücksichtigen, daß der Nutzen von verschiedenen Fragen beeinflußt wird, z.B.

- Wo liegen die Schwerpunkte in der Arbeit des DV-Entwicklungs-Bereiches (z.B. Neuentwicklung oder Pflege von Systemen)?
- Wie ist der Umfang der Ressourcen, die in den einzelnen Arbeitsgebieten eingesetzt werden?

- Wie ist der 'Reifegrad' der DV-System-Entwicklung im Unternehmen, d.h. wie schnell kann der CASE-Prozeß umgesetzt werden?

- Welche CASE-Werkzeuge sollen eingesetzt werden?

- Wie ist der Nutzungs-Umfang der CASE-Werkzeuge?

Neben den quantitativen Faktoren gibt es eine Reihe von nicht zu quantifizierenden Faktoren, die für die endgültige Entscheidung von großem Gewicht sein können. Es fällt jedoch dem DV-Manager erheblich leichter, die Geschäftsleitung von der Notwendigkeit der CASE-Einführung zu überzeugen, wenn er mit nachvollziehbaren Zahlen operiert.

5.3. Voraussetzungen im Unternehmen

CASE ist nicht allein Sache des Managers der DV-Anwendungs-Entwicklung; CASE bedarf der Aufmerksamkeit des gesamten Managements, dem ganzen DV-Bereich und den Anwendern der Systeme.

Die Einführung von CASE-Komponenten setzt daher einige wichtige Dinge voraus, wie z.B.

- das Unternehmens-Management muß voll hinter der Einführung von CASE stehen;

- eine Bereitschaft des Unternehmens-Managements muß vorhanden sein, Vorleistungen im DV-Bereich zu finanzieren und die Erwartungen über kurzfristige Einsparungen zurückzuschrauben;

- die Hardware-Umgebung muß passen;

- eine Bereitschaft im DV-Team zur konsequenten Einhaltung methodischer Vorgehensweisen ist unabdingbar;

- es müssen CASE-Spezialisten im Unternehmen sein, die über fundiertes CASE-Wissen verfügen;

- eine realistische Einführungs-Strategie muß vorliegen;

- für den Prototyp sollte ein reales Beispiel ausgewählt werden;

- die Nutzer der Systeme müssen frühzeitig eingebunden werden;

- eine Qualitäts-Kontroll-Instanz sollte im DV-Bereich existieren.

Sind diese Voraussetzungen nicht oder nur teilweise gegeben, wird die Einführung von CASE-Komponenten Schwierigkeiten bereiten, und ein evtl. Scheitern ist vorprogrammiert.

5.4. CASE-Lieferanten auswählen

Die Wahl des passenden CASE-Lieferanten ist nicht einfach und bedarf daher eines sorgfältigen Vergleichens. Hier bietet sich ein Bewertungsverfahren an, das die einzelnen Kriterien gegenüberstellt, sowohl die sog. 'Must'-Kriterien als auch die Want-Kriterien.

Beispiele für 'Must'-Kriterien können sein:

- Passen die CASE-Werkzeuge für die im Unternehmen üblichen Programmiersprachen, (z.B. COBOL, SQL, C o.ä.)?

- Basieren die geplanten Werkzeuge auf einer bestimmten CASE-Architektur (z.B. AD/Cycle, IEW o.ä.) und sind sie untereinander kompatibel?

- Können die Werkzeuge auf allen Hardware-Hierarchien im Unternehmen eingesetzt werden?

Beispiele für 'Want'-Kriterien können sein:

- Netzwerk-Fähigkeit;

- Ausbaufähigkeit;

- gute Performance;

- Antwortzeitverhalten bis max. x Sek.

In die spätere Entscheidung sollten aber auch übergeordnete Gesichtspunkte einfließen, wie z.B.

- Reputation des Lieferanten;

- CASE-Strategie des Lieferanten;

- Wartung des CASE-Werkzeuges durch den Lieferanten;

- Auswirkungen auf etabliertes DV-Umfeld;

- Schulungs-Aufwand;

- Verfügbarkeit des Werkzeugs auf dem Markt.

Erst nach Bewertung und einem Vergleich der einzelnen Punkte sowie einem sorgfältigen Kostenvergleich, in dem auch ein evtl. unterschiedlicher Schulungsaufwand sich niederschlagen muß, sollte die Entscheidung für CASE-Werkzeuge fallen.

5.5 Detaillierung der schrittweisen Einführung

Die schrittweise Einführung von CASE mit seinen einzelnen Komponenten muß sorgfältig geplant werden. Dies ist erforderlich, um einmal die Einführung als Projekt kontrollieren zu können als auch den Erwartungs-Horizont auf eine realistische Basis zu bringen. Hierzu ist u.a. erforderlich,

- eine Prioritäten-Liste auf der Basis der CASE-Bedarfs-Analyse und einer Kosten/Nutzen-Analyse zu erstellen;

- die sorgfältige Auswahl eines Prototyps (reales Projekt);

- die Benennung eines CASE-Koordinators;

- die Ausbildung von CASE-Spezialisten;

- die Zusammenstellung eines erfolgversprechenden Entwicklungsteams;

- die Implementierung eines Verfahren zum Messen des Erfolges.

5.6. Erstellen eines Zeitrahmens

Auf der Basis der CASE-Konzeption und der getroffenen Entscheidungen muß für die Einführung der einzelnen CASE-Komponenten ein realistischer Zeitplan erstellt werden. Dieser Zeitplan sollte allen Mitarbeitern im Entwicklungs-Bereich, aber auch allen betroffenen Usern und dem Management kommuniziert werden.

5.7 Detaillierte Einführungspläne

Diese Pläne sind die Basis für alle Arbeiten im Zusammenhang mit der CASE-Einführung, d.h. die einzelnen Aktivitäten werden definiert und möglichst durch ein Projekt-Management-Werkzeug nachvollziehbar und kontrollierbar gemacht. Hier handelt es sich um Tätigkeiten, wie sie beim Managen eines jeden DV-Projektes angewendet werden sollten.

6. Probleme beim Einführen von CASE

Bei der Einführung von CASE-Werkzeugen sind einige immer wieder festzustellende Fehler und Probleme zu beachten, denen möglichst im Vorfeld begegnet werden sollte. Es müssen Maßnahmen diskutiert und umgesetzt werden, um die Probleme auf ein Minimum zu reduzieren. Hier einige Beispiele:

a) Mangelhafte Akzeptanz durch DV-Mitarbeiter und User: Diesem ist am besten entgegenzuwirken, indem die betroffenen Mitarbeiter in den Entscheidungs-Prozeß einbezogen werden oder zumindestens über alle Aspekte der Einführung von CASE-Komponenten ausreichend informiert werden, z.B. über Vorteile, Nachteile, aber auch über die Auswirkungen auf den einzelnen Mitarbeiter. Qualifizierte und ausreichende Schulung liefert ebenfalls einen guten Beitrag.

b) Mitarbeiter fühlen sich in ihrer Kreativität eingeschränkt: Dieses Argument ist sehr ernst zu nehmen, kann aber in den meisten Fällen widerlegt werden, da die CASE-Tools in der Regel die immer wiederkehrenden, gleichartigen Arbeiten abnehmen, aber nicht die kreativen Aktivitäten des einzelnen im Projekt beschneiden. Im Gegenteil, CASE-Werkzeuge schaffen mehr Zeit und Raum für Kreativität im Projekt!

c) Zu hohe Erwartungshaltung beim Management für kurzfristigen Return: Case-Werkzeuge können keinen unmittelbaren Return erbringen, dafür ist der Schulungs-und Lern-Zeitraum zu lang. In der Regel kostet der Einsatz eines Werkzeuges zunächst mehr, da in der Lern-und Gewöhnungsphase die Produktivität des einzelnen zunächst sinkt. CASE ist ausschließlich eine Investition mittel-und langfristiger Art.

d) Unterdimensionierte Hardware: Dies führt zu unvertretbaren Antwortzeiten und erzeugt neben Leerlauf-Zeiten auch eine Demotivation, das Werkzeug zu benutzen. Hier kann in der Regel schnell Abhilfe geschaffen werden.

e) Mehrere CASE-Werkzeuge parallel einführen: Dies führt leicht zu einer Überforderung der DV-Mitarbeiter. Die Produktivität sinkt überproportional, und letztlich wird keines der Tools effizient genutzt. Daher ist ein sukzessives Einführen entsprechend den kapazitativen Möglichkeiten aller Ressourcen im DV-Bereich unbedingt erforderlich.

f) Benutzerunfreundliche Handhabung: Mangelhafte Bildschirmmasken, schwer lesbare Druckausgaben, schlecht funktionierender Hot-line-Service des Lieferanten und ähnliche Mängel erschweren die Akzeptanz des Werkzeugs. Diese Faktoren sollten in der Vorauswahl, der Bewertung der Tools sowie bei der Vertragsgestaltung sorgfältig betrachtet werden.

g) Mangelnde Identifikation mit der Methode: Jedes neue Werkzeug oder jede neue Methode erfordern ein gewisses Maß an Aufgeschlossenheit der Mitarbeiter. Die starr vertretene Meinung "Es lief doch bisher alles gut, warum denn ändern" kann jeden Fortschritt blockieren. Mitarbeiter, die sich konstant gegen Neues stemmen, sind in der Datenverarbeitung schlecht aufgehoben. Sie sollten auf keinen Fall als erste mit den neuen Werkzeugen in Verbindung kommen, da sie als negative Meinungsmacher leicht andere beeinflussen. Ist aber erst einmal mit den CASE-Werkzeugen ein Erfolg erzielt, gehen ihnen die Argumente aus.

7. Schlußbemerkungen

CASE, wie es hier verstanden wird, weist heute noch viele Lücken auf. Nur wenige Anbieter zeigen Ansätze einer durchgängigen Gesamt-CASE-Konzeption. Noch weniger Anbieter haben sie realisiert. Der Anwender ist bei seiner Auswahl oft auf Pläne und Versprechungen der Hersteller angewiesen. Viele CASE-Werkzeuge sind heute nur für den Großrechner verfügbar und im Preis-/Leistungs-Verhältnis nicht akzeptabel. Es fehlt an einer Standardisierung, um die Werkzeuge verschiedener Hersteller zu verbinden. Es ist zu wünschen, daß die Philosophie des AD/Cycle dies im Sinne der CASE-interessierten Anwender vorantreibt.

Zum Schluß sollen die wichtigsten Aussagen dieses Vortrages wie folgt zusammengefaßt werden:

- Der Manager der DV-Systementwicklung braucht CASE, um die Effizienz seines Bereiches zu steigern und die Gesamt-Ziele des Unternehmens besser zu unterstützen.

- CASE-Lieferanten müssen die Forderungen, die die Nutzer an CASE stellen, ernst nehmen, wenn sie mittelfristig Erfolg haben und ihre Produkte verkaufen wollen.

- Eine erfolgversprechende Einführung von CASE ist nur auf der Basis eines CASE-Konzeptes und einer realistischen Planung sinnvoll.

- CASE sollte nicht überstürzt eingesetzt werden, nur eine Einführung der kleinen Schritte verspricht Erfolg.

- Einführung und konsequente Nutzung von CASE-Tools erfordert mehr Geduld als erwartet.

- CASE kostet viel Geld und macht sich erst mittelfristig bezahlt, dann aber auf Dauer.

- Wer CASE einsetzen will, nur um modern zu sein, wird mit großer Wahrscheinlichkeit scheitern.

- Eine Migration von der Nicht-CASE-Welt in eine CASE-Welt ist ein dorniger Weg. Die lauernden Probleme müssen im Vorfeld bekämpft werden.

IAO-Forum
Software-Ergonomie in der Praxis

Teil III

Einsatzpotentiale

IAO-Forum
Software-Ergonomie in der Praxis

Rahmenbedingungen und Probleme der Realisierung ergonomischer Software

A. Fauser

1. Einleitung

Die Pionierzeit der Software-Ergonomie gehört heute, gut ein Jahrzehnt nachdem sie in Deutschland größere Beachtung gewonnen hat, der Vergangenheit an. Aus der neuen Strömung im Wissenschaftsbetrieb, die vielerorts als Spielwiese für arbeitswissenschaftlich angehauchte Informatiker oder Psychologen galt, ist ein Arbeitsgebiet geworden, das zumindest in seinen Fragestellungen zunehmend akzeptiert wird, auch wenn die Ergebnisse oder Forderungen durchaus noch umstritten sind.

Die Vergangenheit und weitgehend auch die Gegenwart der Diskussion um Software-Ergonomie ist geprägt durch die Frage, was Software-Ergonomie heißt, wann ein Softwaresystem ergonomisch ist. Die Frage, wie man im Gestaltungsprozeß zu ergonomischer Software gelangt, war und ist weithin eine Diskussion um die hierzu benötigten Werkzeuge (z.B. User Interface Management Systeme) oder zur Frage des Rapid Prototyping.

Wir müssen heute aber auch neue Aspekte der Umsetzung von Software-Ergonomie in die Praxis diskutieren, welche - als Frage und als Antwort - die Erfahrungen und die erlebte Praxis in der Realisierung von Software mit Ergonomie-Anspruch reflektieren. Zu nennen sind hier besonders die folgenden Fragestellungen:

- woher erfährt man, wie die Benutzungsschnittstelle aussehen soll?

- wann/wo/wie wird sie definiert?

- wie überprüft man ein gewähltes Design?

- was ist mit technischen und anderen Rahmenbedingungen?

Diese Fragen sollen im folgenden Beitrag im Mittelpunkt stehen. Bewußt außer acht gelassen wird die Frage nach technischen Aspekten und nach unterstützenden Werkzeugen. Ziel ist es, nicht nur Notwendigkeiten und Möglichkeiten, sondern auch Probleme und Schwierigkeiten aufzuzeigen und - wo möglich - um Hinweise zu ergänzen, wie ihnen begegnet werden kann. Dabei sei deutlich darauf hingewiesen, daß die Perspektive dieser Arbeit nicht die des Wissenschaftlers oder Forschers, sondern die des Entwicklers ist, der in einer gewachsenen Umwelt Bestehendes verbessert und Neues entwickelt.

2. Die Benutzerbeteiligung im Definitionsprozeß

Die Beteiligung von Benutzern bei der Entwicklung von Benutzungsschnittstellen gehört zu den festen Forderungen der Software-Ergonomie. Der Definitions- oder Entwurfs-Prozeß ist die erste Phase der Entwicklung, bei der diese Forderung zum Tragen kommen kann. In der Praxis kann sich dies jedoch schwierig gestalten, vor allem dann, wenn es sich um eine Neuentwicklung handelt und man sich nicht an einer existierenden Benutzerschnittstelle orientieren kann oder muß. So stellen sich etwa die folgenden Fragen:

- Kennt man die Benutzer und hat man "Zugriff" auf sie?

- Handelt es sich um eine "homogene" Benutzergruppe?

- Sind die Benutzer in der Lage, sinnvoll zur Definition beizutragen?

Im Bereich der vertikalen Anwendersoftware sind die Benutzer zwar oft bestimmbar, jedoch ist es häufig schwierig, sie tatsächlich einbeziehen zu können. Dies gilt besonders für diejenigen, die Standardsoftware entwickeln. Sie müssen auf "potentielle Benutzer", d.h. Vertreter der entsprechenden Berufsgruppen, bzw. auf vorhandene Kunden zurückgreifen..

Die Zeit, die auf die Mitarbeit an Systementwurf, zum Test von Prototypen etc. verwendet wird, fehlt den Benutzern zur Durchführung ihrer aktuellen Tagesarbeit. Geschieht Benutzerbeteiligung nur unter der Prämisse, daß das normale Arbeitspensum nebenher zu bewältigen ist, ist ihr Erfolg fraglich. Es ist deshalb unbedingt sicherzustellen, daß den Benutzern während ihrer Beteiligung an der Systementwicklung genügend Zeit gegeben wird.

Im Fall horizontal orientierter Software kann erschwerend hinzukommen, daß es sich um heterogene Benutzer mit unterschiedlichen Anforderungen handelt. Besonders drastisch ist dies im Fall der Bürokommunikation, wo die Applikationen Textverarbeitung, Elektronische Post und Dokumentenverwaltung einen sehr weiten Kreis von Benutzern abdecken müssen.

In der Regel wird es bei der Software-Entwicklung jedoch so sein, daß bestehende Software weiterentwickelt wird oder daß ein vorhandenes System weiterentwickelt wird. Hier stellt sich die Frage nach der Benutzerbeteiligung anders. Man kann von Benutzern ausgehen, die Mängel in der Benutzungsschnittstelle aufgrund eigener Erfahrungen in der täglichen Arbeit einigermaßen genau lokalisieren und eventuell sogar noch gezielte Verbesserungsvoschläge machen können.

Die Motivation zur Mitarbeit ist bei Benutzern, die das System bereits kennen, in der Regel höher einzuschätzen: dort, wo das System bisher Mängel aufwies, kann jetzt durch Eigeninitiative auch für den Benutzer persönlich eine Verbesserung der Situation mitbewirkt werden. Zu berücksichtigen ist immer auch der Aspekt, inwieweit Benutzer grundsätzlich in der Lage sind, das Design einer Benutzungsschnittstelle zu beurteilen bzw. eigene Vorschläge zu machen. Damit einher geht natürlich auch die Frage nach der "objektiven Richtigkeit".

Es ist in der Regel nicht realistisch, so viele Benutzer am Designprozeß zu beteiligen, daß "Objektivität" über statistische Methoden erreicht werden kann. Vielmehr gilt es, die möglichen Quellen einer allzu starken Subjektivität zu kennen und Antworten und Meinungen von Benutzern entsprechend zu gewichten.

Dazu gehören insbesondere die folgenden Punkte:

- Was der Benutzer gewohnt ist, findet er zunächst einmal eher posititv. Dies kann natürlich zur Frage führen, ob im Fall einer subjektiven Zufriedenheit überhaupt etwas an der Benutzungsschnittstelle geändert werden soll. Gleichwertige Designalternativen werden in diesem Fall von Benutzern immer wieder zu schlecht beurteilt.

- Funktionale Schwächen dürfen nicht der Benutzungsschnittstelle zur Last gelegt werden: etwa dann, wenn eine wichtige Funktion nicht als Basisfunktion vorhanden ist und nur über Tricks und Umwege ausgeführt werden kann. Andererseits zeigt dies auch, wie früh Funktionalitätsdiskussion und Benutzeroberfläche miteinander abgestimmt werden müssen.

3. Hausinterne Richtlinien und Normen

Normen, Standards und Richtlinien beginnen sich im Bereich der Benutzungsschnittstellen zunehmend einen festen Platz zu erobern. Dies gilt einerseits für Standards von offiziellen Standardisierungsgremien (in Deutschland insbesondere des DIN, auf internationaler Ebene der ISO). Andererseits ist Windows heute im PC-Bereich schon ein fester Standard geworden und beginnt Motif, dasselbe im Bereich der Unix-basierten Mehrbenutzersysteme zu werden.

De facto standards, die sich über Werkzeuge zum Erzeugen von bestimmten Dialogelementen oder die Vorgabe eines elektronischen Desktop herausbilden, sind heute für die Praxis sehr viel bestimmender als Richtlinien aus offiziellen Standardisierungsgremien. Letztere sind allerdings derzeit auch noch weitgehend in der Definitions- bzw. in der Abstimmungsphase.

Allgemeine Standards und Normen lassen noch einigen Spielraum für die Softwareentwicklung. In zunehmendem Maße ist man heute bestrebt, innerhalb eines Hauses durch hausinterne Standards ergänzend zu wirken. Man versucht so, den Wildwuchs, der sich sonst - wie die Vergangenheit immer wieder gezeigt hat - rasch ausbreiten kann, rechtzeitig zu verhindern.

Software, die nach solchen Richtlinien erstellt ist, wird damit insbesondere der Forderung nach einer möglichst einheitlichen Benutzungsschnittstelle gerecht. Sie stellt sicher, daß sogenannte generische Funktionen, d.h. Funktionen, die über die verschiedenen Applikationen hinweg die gleiche Semantik haben, in gleicher Weise aufgerufen werden. Solche Funktionen sind z.B. "löschen", "drucken", etc. Wenn diese Funktionen in unterschiedlichen Anwendungen einheitlich aufgerufen werden, verkürzen sich Lernzeiten, steigt die Verläßlichkeit im Sinn des Erfüllens einer Erwartungshaltung des Benutzers - und damit sind wesentliche Forderungen der Software-Ergonomie erfüllt. Wie wichtig dies ist und wie schnell diese Eigenschaft von Benutzern erkannt und eingefordert wird, ist an den Reaktionen zu erkennen, wenn diese Einheitlichkeit verletzt wird bzw. wenn der Benutzer irrtümlich glaubt, eine bestimmte Einheitlichkeit erkannt zu haben. Solche Fälle treten in der Tat immer wieder auf und sind im Fall sehr komplexer Systeme, etwa eines aus vielen Einzelapplikationen bestehenden Systems der Bürokommunikation, unter Umständen auch gar nicht vermeidbar.

Wenn eine Richtliniensammlung zur Vereinheitlichung der Benutzerschnittstelle in einem Hause erstellt werden soll, wird dies in der Regel durch ein dazu eingesetztes Team geschehen. Die Erfahrung zeigt, daß hierbei unbedingt auf die folgenden Punkte geachtet werden muß.

- Die Neutralität des Teams muß abgesichert sein: Richtlinien zur Vereinheitlichung zu schaffen, heißt in der Konsequenz, daß in der Regel jeder Entwickler Dinge teilweise anders tun muß als er dies in der Vergangenheit gewohnt war und für richtig gehalten hat. Entscheidungen zu akzeptieren, die man vielleicht nicht für richtig hält, fällt nicht zuletzt bei Fragen der Benutzerschnittstelle manchen Software-Entwicklern schwer. Es ist für die Akzeptanz solcher Richtlinien von hoher Bedeutung, daß jeder Eindruck vermieden wird, es würde einfach eine persönliche Meinung in einer Richtlinie festgesetzt und durchgedrückt, ohne Rücksicht auf den für andere dadurch entstehenden Zusatz- oder Änderungsaufwand.

- Im Team müssen entwicklungserfahrene Personen mitarbeiten: Auch hier geht es nur zum Teil darum, die sachliche Richtigkeit der Entscheidungen sicherzustellen als vielmehr um deren Akzeptanz. Nach wie vor ist, gerade bei "gestandenen" Entwicklern, die Ansicht verbreitet, "Software-Ergonomie" sei eine "soft science", deren Ergebnisse nur persönliche Vermutungen und Meinungen ohne objektiven Hintergrund seien. Was eine gute Benutzerschnittstelle sei, würden erfahrene Entwickler ohnehin am besten wissen. Solchen Ansichten kann auch dadurch entgegengewirkt werden, daß erfahrene und in ihrer Kompetenz als Entwickler (ohne das Kriterium software-ergonomischer Kenntnisse) anerkannte Personen im Team mitarbeiten. Daß dadurch sichergestellt ist, daß die Möglichkeit der technisch-praktischen Umsetzung der Richtlinie immer mitbetrachtet wird, ist ein weiterer wichtiger Vorteil.

- Alle betroffenen Stellen müssen frühzeitig informiert und einbezogen werden: Diese Forderung betrifft sowohl Informationen über Ziele und Nutzen der Richtlinie als auch die ständige Rückkopplung über erreichte (Zwischen-) Ergebnisse. Letztlich handelt es sich hierbei um das Analogon zur Benutzerbeteiligung bei der Softwareentwicklung.

- Die Balance zwischen Einheitlichkeit und Freiheitsgraden muß sorgfältig beachtet werden: Zwar sollen Richtlinien für Einheitlichkeit sorgen, doch muß andererseits für die Anwendung noch genügend Flexibilität möglich sein, um sich ihren spezifischen Erfordernissen anzupassen. Insofern wird man in Richtlinien zur Benutzungsoberfläche kaum um "Kann"- und "Soll"-Bestimmungen herumzukommen, sollte aber darauf bedacht sein, so restriktiv sein, daß gerechtfertigte Ausnahmen als Teil des Qualitätssicherungsprozesses speziell diskutiert und entschieden werden. Allerdings kann es auch vorkommen, daß Entwickler von solchen Richtlinien erwarten, daß ihnen alle Designentscheidungen abgenommen werden. Dies ist natürlich nicht möglich, denn das hieße, über die Richtlinien vorab alle speziellen Benutzungsschnittstellen zu spezifizieren. Die Verantwortung für deren Definition bleibt beim Entwickler, die Richtlinien können nur in Teilen Vorgaben machen.

- Die Machtpromotoren müssen hinter der Aufgabe stehen: Wie bereits angedeutet, ist die Frage der Akzeptanz von Richtlinien zur Benutzungsschnittstelle von großer

Bedeutung und die Erfahrung in vielen Unternehmen zeigt, daß hier oft größere Schwierigkeiten zu überwinden sind. Wenn, um die Durchsetzungsfähigkeit zu sichern, explizit die Bedeutung der Unterstützung duch die Machtpromotoren gefordert wird, so ist dies aber nicht allein so zu verstehen, daß damit der Software-Ergonomie über den Anweisungsweg Rückhalt geschaffen werden kann. Es gilt vielmehr auch sicherzustellen, daß die nötigen Ressourcen sowohl bei der Richtliniendefinition als auch später in konkreten Gestaltungsprozessen zur Verfügung stehen. Software-Ergonomie ist nicht zum Nulltarif zu haben.

Die fachliche Güte von Richtlinien zur Software-Ergonomie ist zwar eine notwendige, keineswegs aber eine hinreichende Voraussetzung, um die Gestaltung von Benutzungsschnittstellen entsprechend zu beeinflussen. Genauso wichtig ist das Procedere der Gestaltung, das Gegenstand des nächsten Abschnitts ist.

4. Software-Ergonomie und Qualitätssicherung

Solange der Aspekt einer ergonomischen Gestaltung der Benutzungsschnittstelle noch allzu häufig stiefmütterlich behandelt wird, und solange die Bereitschaft, vorhandene Richtlinien und Kenntnisse konsequent in der eigenen Arbeit umzusetzen, nicht überall als gegeben vorausgesetzt werden kann - solange muß ihre Umsetzung auch über formale Wege und Methoden durchgesetzt werden.

Es darf insbesondere nicht zugelassen werden, daß die Frage der Benutzungsschnittstelle an das Ende des Entwicklungsprozesses verschoben wird. Die Gefahr, daß zu diesem Zeitpunkt unter starkem terminlichem Druck entwickelt werden muß, ist sehr hoch. Oft wird dann die Funktionalität bzw. Qualität im Sinn von Stabilität und Fehlerfreiheit vorgehen: Die Benutzungsschnittstelle wird dann nicht unbedingt mit der erforderlichen Aufmerksamkeit realisierbar.

Die Definition der Benutzungsschnittstelle muß zu einem möglichst frühen Zeitpunkt im Projektablauf und in einer großen Detailtiefe überlegt und spezifiziert werden. Am sinnvollsten geschieht dies bei der Erstellung des Systementwurfs (ggf. der Spezifikation des ersten Prototypen), unter Umständen auch bereits bei der Erstellung des Pflichtenhefts. In diesem sollten zumindest die Anforderungen an die Benutzungsschnittstelle, soweit sie sich aus den intendierten Benutzergruppen etc. ableiten lassen, aufgeführt sein.

Idealerweise sind zu diesem Zeitpunkt auch schon Maskenlayouts, Bezeichnungen von Funktionstasten etc. detailliert angegeben. Womöglich sollten hier bereits interaktive Maskengeneratoren etc. unterstützend eingesetzt werden. Es ist klar, daß alle solchermaßen früh getroffenen Designentscheidungen möglicherweise später noch revidiert werden müssen. Wichtig ist jedoch, daß bei der Realisierung bereits eine klare und vollständige Vorgabe als Orientierung vorliegt. Zudem verfügt man heute in zunehmendem Maße über Werkzeuge in der Softwareentwicklung, die ein vergleichsweise rasches Ändern der Benutzerschnittstelle erlauben. Denn eines hat sich als eindeutig herausgestellt: erst beim Ansehen implementierter Software kann die ergonomische Güte der Benutzungsschnittstelle wirklich beurteilt werden. Definitionen auf Papier allein sind hierzu unzureichend. Dem Prinzip des "Rapid Prototyping" kommt somit eine hohe Bedeutung zu, wenn ergonomische Güte und kostengünstige Entwicklung gleichermaßen erreicht werden sollen.

Durch die frühe Spezifikation der Benutzungsschnittstelle ist insbesondere auch gesichert, daß ihre Prüfung bereits zu einem frühen Zeitpunkt in den regulären Prozeß der Qualitätssicherung einfließen kann, deren Gegenstand sie ebenso sein muß wie funktionale Vollständigkeit des Systems, etc. Auch hier gilt, wie eigentlich generell, daß Qualität in ein Produkt nicht hineingeprüft werden kann, sondern daß die Schaffung von Qualität und die zugehörige Prüfung und Absicherung die Entwicklung von Beginn an parallel begleiten müssen.

5. Technisch-organisatorische Rahmenbedingungen

Die Entwicklung von Benutzungsschnittstellen vollzieht sich nicht in einem luft- bzw. konfliktfreien Raum. Sie steht in der Regel im Wettbewerb mit anderen Zielen und Rahmenbedingungen.

Es wurde oben bereits angemerkt, daß Software-Ergeonomie nicht zum Nulltarif zu haben ist. Zeit und Kosten sind heute mehr denn je von eminenter Bedeutung. Speziell die Informationstechnik ist von einem raschen Preisverfall und einem extremen Innovationsdruck und -tempo gekennzeichnet. Im Hardwarebereich liegt die Halbwertzeit eines Produktes heute schon nur noch bei ca. zwei Jahren, im Fall vieler Komponenten liegt sie noch darunter. Kostensenkung und die Verkürzung der time-to-market sind heute entscheidende Faktoren im F & E-Wettbewerb geworden.

Dies darf natürlich nicht eine Entschuldigung dafür sein, nicht in die software-ergonomische Qualität eines Produktes investieren zu wollen. Aber es wird im Einzelfall immer klar zu überlegen und zu begründen sein, warum der geforderte Aufwand zu treiben ist, daß dadurch Wettbewerbsfähigkeit oder sogar Wettbewerbsvorteile erzielbar sind. Der Entwickler ist gleichzeitig verpflichtet, sorgfältig darauf zu achten, welcher

Aufwand auch zu welchem Mehr an Qualität führen kann. Auch Softwareprodukte haben heute - zumindest bei Herstellern, System- und Softwarehäusern - in der Regel nur ein kleines Zeitfenster, um ihren Erfolg sicherzustellen. Dieses Zeitfenster läßt sich nicht ohne weiteres verschieben. Die Produktentwicklung, einschließlich der Entwicklung der Benutzungsschnittstelle muß sich an ihm orientieren. Mit Software-Ergonomie, die zu spät kommt, ist niemand gedient.

In diesen Komplex gehört auch die Frage nach Funktionalität versus Benutzungsoberfläche bei gegeben Entwicklungsressourcen. Bei allen am Entwicklungsprozeß Beteiligten muß Kompromißfähigkeit bezüglich der Benutzungsschnittstelle vorhanden sein - was nicht mit grundsätzlichem Nachgeben verwechselt werden darf. Es gibt meist nicht eine _eine_ gute Lösung, in der Regel gibt es eine ganze Bandbreite von qualtitativ ausreichenden oder sogar guten Möglichkeiten. Wichtig ist es, mit der gewählten Lösung innerhalb dieser Bandbreite zu bleiben. Man darf nie vergessen, wie wichtig den Anwendern, auch den Endbenutzern eines Systems, die Funktionalität ist. Solange die Schaffung einer möglichst großen Funktionalität und die Realisierung einer ergonomischen Benutzungsschnittstelle im Wettbewerb um knappe Ressourcen stehen, wird es Ziel sein müssen, die faire, den Benutzer insgesamt zufriedenstellende Lösung zu finden.

Auch technische Rahmenbedingungen können Wünschen Grenzen setzen: Die zu verwendende Hardware bzw. die Leistungsfähigkeit der vorhandenen Plattformen engen die möglichen Realisierungen immer noch häufig ein, auch wenn die technische Entwicklung heute schon ganz andere Voraussetzungen bietet als noch vor einigen Jahren, etwa bezüglich der Entwicklung graphisch orientierter Benutzungsschnittstellen.

Die Ernsthaftigkeit und Glaubwürdigkeit der Software-Ergonomie muß sich jedoch auch darin zeigen, wie sie mit bestehenden Welten zurechtkommt, wie sie es schafft, hier akzeptable oder sogar gute Lösungen zu schaffen. Softwareergonomische Erkenntnisse und Ideen müssen auf ihre zugrundeliegenden Prinzipien untersucht werden, es darf keine technische Lösung als die einzig richtige oder mögliche festgeschrieben werden, um dies an einem Beispiel aus der Alltagsarbeit zu verdeutlichen. Das Prinzip des "Elektronischen Schreibtischs", wie wir es von vielen Systemen mit graphischen Benutzungsschnittstellen kennen, kann weitestgehend auch in einem zeichenorientierten Umfeld realisiert werden. Die große Herausforderung an Entwickler ist in solchen Fällen, das als richtig erkannte Prinzip so umzusetzen, daß sich die Benutzungsschnittstelle auch bei einem durch neue Technik ermöglichten Wechsel (etwa von der Tastatur zur Maus) dem Benutzer gegenüber weitestgehend identisch darstellt.

6. Schlußbemerkung

Wie in der Einleitung bereits erwähnt, war Gegenstand dieser Arbeit nicht das, was die Ergonomie an Eigenschaften von der Software fordert und in welchen Gestaltungsmerkmalen sich dies widerspiegelt. Sie sollte vielmehr einen kurzen Abriß zur Umsetzung und ihren praktischen Schwierigkeiten liefern. Beides zusammen müssen Fragen der Software-Ergonomie sein. Wir brauchen ihre Qualitätsmerkmale als Ziel. Doch dürfen wir nicht vergessen, ihr auch den Weg dahin zu ebnen.

IAO-Forum
Software-Ergonomie in der Praxis

Perspektiven der Software-Ergonomie im Banken- und Sparkassenbereich

H.-P. Reischl

Zusammenfassung

Die folgende Ausarbeitung stellt die Arbeiten im Rechenzentrum der Württembergischen Sparkassen Organisation (RWSO) in Bezug auf die Entwicklungen einer einheitlichen ergonomischen Benutzeroberfläche vor. Es werden die Grundlagen, Prämissen und Systemvoraussetzungen beschrieben sowie erste Erfahrungen mit dem neuen Oberflächenstandard am Beispiel einer Produktivanwendung auf dem Host dargelegt. Außerdem sollen grundsätzliche Überlegungen zur Gestaltung von PC-Oberflächen und dabei speziell zu graphischen Oberflächen angestellt werden. Dazu wird exemplarisch die Entwicklung eines Prototypen eines portablen Anwendungssystems auf UNIX und OS/2 herangezogen. Ein abschließendes Resümee soll die bisherigen Arbeiten kritisch beleuchten sowie einen Ausblick auf zukünftige Aktivitäten geben.

1 Einleitung

Die Zahl der EDV-Anwendungen, mit denen die Mitarbeiter in nahezu allen wirtschaftlichen Bereichen konfrontiert werden, steigt ständig. Damit steigen stetig die Anforderungen an den einzelnen Mitarbeiter, aber auch die Aufwände für Schulung, Einarbeitung und laufende Betreuung. Das hängt zum großen Teil damit zusammen, daß das "Look" und "Feel", also die visuelle Ausprägung und die Bedienung der Benutzerschnittstelle, bei unterschiedlichen Anwendungen auf unterschiedliche Weise dargeboten wird. Selbst bei Betrieben mit eigener EDV-Entwicklungsabteilung ist nicht immer gewährleistet, daß Anwendungen nach einer einheitlichen Grundstruktur, was Benutzerschnittstelle und Funktionalität betrifft, entwickelt sind. Die Ursachen dieser Diskrepanz und damit oftmals Grund für die Existenz komplexer Benutzeroberflächen sind häufig schlechtes Anwendungsdesign, fehlende Entwicklungstools (die Programmierer entfalten ihre eigene Kreativität), schlechte bzw. fehlende Datenmodellierung oder schlicht fehlende Standards im Entwicklungsbereich, sowohl für Programme als auch für Bildschirmmasken.

2 Situation beim RWSO

Das RWSO betreut als Rechen- und Entwicklungszentrum die 23 Sparkassen in Württemberg und deren Filialen. Zur Abwicklung des DV-Services verfügt das Rechenzentrum über umfangreiche Hard- und Softwarekomponenten. Als Betriebssystem bzw. betriebsnahe Software sind im wesentlichen MVS/XA, JES3, TSO/E und RACF implementiert. Im Datenbanken- und Netzwerkbereich werden IMS/DB, DB2, AS/MVS und ACF/VTAM eingesetzt. An das zentrale Rechenzentrum sind ca. 5900

Schaltermaschinen und Datensichtgeräte angeschlossen (PC-Anteil ca. 13%), wobei Geräte unterschiedlicher Hersteller im Einsatz sind. Die PC's sind überwiegend mit dem Betriebssystem MS-DOS ausgestattet. Neben eigenen Anwendungen wird auch Fremdsoftware im Produktionsbetrieb eingesetzt. Für die Entwicklung eigener Anwendungen im Online-Bereich waren bislang Richtlinien zur Programmerstellung gültig, die weder den Charakter absoluter Normen hatten, noch Regeln zur Masken- und Dialoggestaltung beinhalteten. Die Applikationen berücksichtigen Benutzeroberfläche in aller Regel in Form von Masken für alphanumerische Terminals; die Dialogsteuerung unterliegt dem einfachen, transaktions- bzw. codeorientierten (Schlüsseleingabe) Maskendialog.

2.1 Konzept der "Einheitlichen Benutzeroberfläche"

Da die Anwendungsvielfalt und die damit verbundenen unterschiedlichen Oberflächen, vor allem deren unterschiedliche Funktionalität, die Endbenutzer zunehmend vor Handling-Probleme (PF - Tasten, Dialogführung) stellt, wurde im Rahmen einer ganzheitlichen Unternehmenskonzeption die Vereinheitlichung der Benutzeroberfläche als fester Bestandteil aufgenommen und als einer der wichtigsten Punkte in diesem Konzept festgeschrieben.

Aufgabe und Ziel dieses Standardisierungsgedankens war und ist es, eine homogene, in sich konsistente Benutzerschnittstelle zu entwickeln, die vor allem zukünftigen Anwendungen als Grundlage dienen kann und von ihrem äußeren Erscheinungsbild als auch von ihrer Funktionalität für beliebige Hardwareausstattungen bzw. beliebige Betriebs- und Trägersysteme ausgelegt sein soll.

Da IBM im Rahmen ihrer "System Application Architecture"- (SAA) Strategie mit dem "Common User Access - Panel Design and User Interaction" (CUA) bereits Richtlinien zur Maskengestaltung und Benutzerführung vorgegeben hatte, sollte sich der neue Standard daran orientieren, ohne jedoch die verbleibenden Spielräume, etwa bei der Aufteilung der Maskenbereiche, ungenutzt zu lassen.

Zunächst wurde gemäß CUA (Version 1987) in einer Basis-Bedienanleitung der generelle Bildschirmaufbau festgelegt und die einzelnen Paneltypen (Menü-, Eingabe-, List-, Informations-, und Logo-Bildschirme) definiert und deren Maskenelemente definiert. Die Funktionen der PF-Tasten (function keys) wurden in Analogie zu CUA übernommen, wobei interpretative Spielräume genutzt wurden (z.B. bei der PF24-Taste; siehe unten) und gleichzeitig Dialogsteuerungsmechanismen festgelegt wurden.

Nach Abschluß der Normierungsarbeiten sollte sich der neue Oberflächenstandard bei der Entwicklung zweier IMS-Anwendungen mit DB2-Anbindung bewähren.

Dabei stellte sich schnell heraus, daß CUA host-spezifische Aspekte in für die Applikationen zu geringem Umfang berücksichtigt. Diese Tatsache führte zu einer definitorischen Trennung der Host- und der PC-Oberfläche.

2.2 Benutzeroberfläche für 3270-Anwendungen

Die Host-Variante wurde zunächst nicht streng normiert, sondern im Laufe des obengenannten Projekts bei Bedarf angepaßt und verbessert. Dabei blieben die grundsätzlichen Aussagen bezüglich des Panel-Image, z. B. Existenz und Position tragender Elemente wie Bild- und Fenstertitelzeile (am oberen Rand) und Fehlermeldungszeile am unteren Bildrand unberührt. In Abweichung von CUA wurde lediglich der Funktionstastenbereich eliminiert sowie der Aktionsbereich als optionales Bildschirmelement vorgegeben. Ein weiteres Merkmal des Maskengroblayouts ist die Informationszeile, in der geschäfts- und personenspezifische Daten durch alle Masken mitgeführt werden. Durch diese Festlegungen ergab sich ein Arbeitsbereich mit einer variablen Größe von 18 bis 20 Zeilen. Für diesen wohl wichtigsten Teil des Bildschirms wurden Richtlinien zur Informationsgestaltung herausgegeben, die neben der Anordnung der Felder zu logischen Blöcken die Darstellung der Ein- bzw. Ausgabefelder regeln.

Am Ende des Entwicklungsprozesses stand die Festschreibung einer Benutzeroberfläche, die sich im Layout wenig, in der Funktionalität (Pop-Ups, Pull-Downs etc.) zwangsläufig von der PC-Oberfläche unterschied.

Die charakteristischen Merkmale dieser Oberfläche sind:

- ein einheitliches Layout, bzw. konkrete Vorgaben zu dessen Gestaltung

- Vereinheitlichung der Kommando-Sprache durch Festlegung der PF- Key-Funktionen

- umfassendes Dialog- und Hilfe-Konzept

- anwenderspezifische Konfigurierbarkeit durch Einführung einer Vorgangs- und Bearbeitungssteuerung

- "dynamische" Menüs

- einheitliche Entwicklungsumgebung durch Einsatz eines Masken- und Programmgenerators

2.3 Benutzerführung und Benutzerinteraktion

Dem Anwender soll ein komfortables System zur Verfügung gestellt werden, so daß selbst der ungeübte Sachbearbeiter nach relativ kurzer Einarbeitungszeit das Gefühl hat, den Computer zu beherrschen. Dazu gehört eine aufgabenspezifische Menüstruktur und -hierarchie genauso wie ein umfassender Interaktionsmodus.

Diesen Gesichtspunkten wird zum einen dadurch Rechnung getragen, daß eine von den Endbenutzern änderbare Applikationskonfiguration angeboten wird. Diese kann durch Ändern von Steuertabellen vom Anwender selbst durchgeführt werden.

Mit der Methode des systemgeführten Dialogs hat der Mitarbeiter die Möglichkeit, mittels Funktionstasten die Navigation durch die Anwendung dem System zu überlassen, wobei die jeweils nächste ablauflogisch sinnvolle und ausführbare Tätigkeit durch das Steuerprogramm aufgerufen wird.

Außerdem besteht für den geübten und in seinem Aufgabengebiet bebeschlagenen Sachbearbeiter zusätzlich die Möglichkeit, gezielt Bildschirme anzuwählen und zu bearbeiten. Mit dieser "Experten-Sprung-Funktion" (Direktwahl), die durch Eingabe eines mnemonischen Kürzels aktiviert wird, soll die Effizienz und Effektivität des Arbeitsablaufes gesteigert werden.

Zudem kann von der herkömmlichen Art der Dialogsteuerung mittels Menüpunktauswahl Gebrauch gemacht werden.

Als weiterer Komfort erscheint die "Ausflugsfunktion" (PF24, CUA-Definition "Pause"), mit der der Benutzer eine andere Applikation aktivieren kann, ohne daß die verlassene Anwendung beendet wird.

Sonstige wichtige Funktionen, nicht zuletzt vor dem Hintergrund aufwendiger Dokumentationshandbücher und Anwendungsbeschreibungen, sind "Help" (= PF1-Taste) und "Prompt" (= PF4-Taste).

Die Hilfefunktion ist in drei Ebenen untergliedert:

- Die höchste Stufe der Systemhilfe ist die Panel-Ebene: dem Anwender werden umfangreiche und dennoch prägnante Informationen zur gerade gezeigen Bildschirmmaske angezeigt.

- Das "Field-Help" zu Eingabefeldern gibt Hinweise, welchen Zweck die Felder erfüllen und zu welchen Bearbeitungsschritten sie benötigt werden.

- Die Hilfe zur Fehlermeldung erläutert eventuell ausgegebene Fehler- bzw. Hinweistexte.

Da die Möglichkeit der Cursor-Selektion nicht gegeben ist, läuft die Fehlerroutine folgendermaßen ab:

- Die Fehlermeldungszeile enthält Fehler- bzw. Hinweistexte => PF1 bewirkt die Ausgabe eines Panels mit einer ausführlichen Beschreibung

- Das Fragezeichen steht auf der ersten Stelle von Eingabefeldern => PF1 = Field-Help

- Sind keine der beiden vorgenannten Bedingungen erfüllt, wird das Panel-Help aktiviert.

Mit der Prompt-Funktion (Feldebene), aktiviert durch ein Fragezeichen auf der ersten Stelle eines Eingabefeldes, ist eine Liste von alternativen Eingabewerten verbunden, von denen ein entsprechender ausgewählt werden kann und automatisch in das Feld eingestellt wird.

Die weiteren CUA-Funktionen (z. B. Blättern in Listbildschirmen) sind eingebunden.

Großer Wert wurde ebenfalls auf das ABEND-Handling gelegt, um den Anwender nicht unvermittelt vor unlösbare Probleme zu stellen. Demzufolge beinhaltet der ABEND-Schirm eine genaue Fehleranalyse und gibt Hinweise darauf, was als nächstes zu tun ist.

2.4 Einführung und Anwenderaktzeptanz

Nach Ende der ersten Entwicklungsstufe wurde für ausgewählte Sparkassen die Anwendung zum Test freigegeben. Nach einer Einführung (1 Tag) in die Handhabung des Systems sollten die Mitarbeiter die Funktionalität sowie die programmtechnischen und fachlichen Erfordernisse prüfen. Nach einer relativ kurzen Eingewöhnungsphase, in der sich die Anwender mit den Funktionstasten-Definitionen, den Bildschirmmasken und der Menüstruktur vertraut machten, kamen sehr selten Fragen zum Handling. Die umfangreich angebotene Hilfe- und Promptfunktion bewährte sich bestens: Rücksprachen bezüglich Masken- oder Feldaspekten wurden nicht registriert. Positiv wurde der systemgeführte Dialog aufgenommen, der vor allem in der Anfangsphase stark frequentiert wurde und dem Benutzer offensichtlich ein Gefühl der Sicherheit vermittelte. Der Expertensprungmodus wurde recht selten genutzt. Der Grund dafür ist wohl darin zu sehen, daß es noch einer gewissen Zeit bedarf bis die Mnemonics den Anwendern geläufig sind. Allgemein kann gesagt werden, daß die Aufnahme beider Dialogtechniken (system- und benutzergeführt) als Qualitätsmerkmal bezeichnet werden muß, da unterschiedliche Qualifikationen der Bediener berücksichtigt werden.

2.5 Benutzeroberfläche für PC's

Wie oben schon erwähnt wurden die grundsätzlichen Aussagen zur Maskengestaltung für beide Oberflächenvarianten identisch definiert. Aufgrund der unterschiedlichen technischen Voraussetzungen mußten hier weitergehende Definitionen wie die von Pop-Up- bzw. Pull-Down-Menüs festgeschrieben werden sowie die Funktion von Scrollbars und Mausinteraktion. Dies wurde gemäß CUA (Version 1987) festgelegt.

Mit dieser Oberfläche wurden bislang lediglich kleinere Anwendungen unter MS-DOS entwickelt, die von ihrem Umfang und ihrer Funktionalität her gesehen kein echter Prüfstein für die Ausgereiftheit der Oberfläche sein konnten.

2.6 Portables Anwendungssystem auf UNIX und OS/2

Ein weiteres Projekt, bei dem die grafische Standardoberfläche Verwendung fand, betraf die Entwicklung eines Prototypen für ein portables Anwendungssystem. Dabei war die Intention zur Durchführung dieser Aufgabe nicht primär auf produktionsorientierte Aspekte gerichtet, es stand vielmehr das Bestreben im Vordergrund, Applikationssysteme in unterschiedlichen Betriebssystemumgebungen und auf unterschiedlichen Hardwaresystemen ablauffähig zu entwickeln und zu übertragen.

Das Ziel war, ein auf UNIX und OS/2 basierendes Anwendungssystem in ANSI-COBOL unter Einbindung von C-Modulen zu erstellen, das mit ausgewählten Software- und Hardwarekomponenten verschiedener Hersteller arbeiten kann.

Der Prototyp unterstützte einen Kassenarbeitsplatz im Front-Office-Bereich mit Bildschirm, Tastatur, Belegdrucker, Kassentresor und mit SNA-Anschluß an den Host (IMS). Von der Softwareseite waren neben der Host-Schnittstelle eine Datenbank sowie ein Dialog-Manager eingebunden. Die normierte Benutzeroberfläche wurde gemäß den Vorgaben zu der Entwicklung herangezogen.

Trotz anderer Projektziele können dennoch Aussagen über den Einsatz grafischer Benutzeroberflächen und die Nutzbarkeit der RWSO (= CUA) Oberfläche gemacht werden:

- Der Einsatz von grafischen Benutzerschnittstellen sollte strikt von problem- bzw. arbeitsplatzspezifischen Gesichtspunkten geleitet sein. Das führt zu der globalen Frage, welche Anwendungen welche Oberflächen erfordern; dieses Problem sollte vorab geklärt sein. Bei der obengenannten Problemstellung beispielsweise wäre eine Grafiklösung nicht sehr sinnvoll.

- Divergierende Herstellerinteressen machen eine Entscheidung zu Gunsten eines Grafikstandards schwer. Ein Lösungsansatz könnte sein, vorübergehend den Einsatz konventioneller Oberflächen zu erwägen und bei Bedarf einen Upgrade auf grafische Oberflächen durchzuführen.

- Eine weitere Frage ist, ob die offiziellen Standards funktionell ausreichend sind und problemorientiert eingesetzt werden können.

Diese Punkte führen zwangsläufig zu der Frage, ob nicht für Anwendungssysteme selbst eine normierte Schnittstelle zu definieren sei, die, neutral gestaltet, von Präsentations- und Dialog-Manager-Systemen unabhängig macht.

3 Resümee und Ausblick

Die Arbeit mit der nun seit einem Jahr standardisierten Host-Benutzeroberfläche hat gezeigt, daß die Entscheidung zu Gunsten einer solchen Normierung ein Schritt in die richtige Richtung war.

Sowohl für den Entwickler als auch für den Anwender haben sich nur Vorteile herauskristallisiert.

In der Entwicklung bedeutet es eine Verbesserung, da der Programmierer die Grundstruktur des Panels schnell durch eine Kopie des Standardoriginals erhält und sich über Masken-Dialoge und PF-Tasten-Abhandlung keine Gedanken mehr machen muß, sondern sich intensiver um originäre Aufgaben wie Datenbankzugriffe, Segloop-Verarbeitung etc. kümmern kann. Dies bedingt wiederum eine Verbesserung der Qualitätsmerkmale der Software.

Ureigensten Nutzen hat selbstverständlich auch der Anwender. Für ihn gestalten sich Bildschirmmasken und Dialoge nahezu identisch, gleichgültig mit welcher Anwendung er arbeitet. Ein Umdenken beim Wechsel der Anwendung ist nur bedingt (Mnemonics) notwendig. Er kann somit die mit einer Anwendung gemachten Erfahrungen auf andere übertragen und durch Analogieschlüsse die Systemreaktion vorhersehen.

Weitere Vorteile sind geringere Akzeptanzprobleme gegenüber Neuentwicklungen sowie geringere Einarbeitungszeiten und geringerer Betreuungsaufwand.

Liegen die Vorteile der Standardisierung der Benutzeroberfläche bei Eigenentwicklungen auf der Hand, so zeigen sich Probleme, wenn Anwendungen für Dritte entwickelt bzw. von Dritten übernommen werden: die Integrierbarkeit solcher Produkte wird durch unterschiedliche (Firmen-) Richtlinien erschwert und hat unter Umständen lange Adaptionszeiten zur Folge. Der Ausweg aus diesem Dilemma kann nur sein, daß Hausstandards so gestaltet werden, daß übergeordnete Richtlinien für sie bindend sind und eingehalten werden.

In der PC- und Workstation-Welt ist es offensichtlich problematischer, in Bezug auf grafische Oberflächen einen Standard zu definieren. Eine generelle Hinwendung zum CUA-Standard scheint jedoch opportun, zumal ein großer Teil der PC's mit Microsoft-Produkten arbeitet. Andererseits dürfen die Standardisierungstendenzen in der UNIX-Welt nicht vernachlässigt werden (OSF, Unix International, X/Open Group, MIT), da potentielle Nachfrager dieses System einsetzen. Gerade die divergierenden Hersteller-interessen erschweren die Entscheidung zugunsten des einen oder anderen Standards, vor allem auch unter dem Gesichtspunkt, daß momentan die Marktentwicklung nicht vorhergesehen werden kann. Deshalb sollten generelle Überlegungen in den Vordergrund treten, auf der Anwendungsseite Schnittstellen zu normieren, auf die die Fenstersysteme aufgesetzt werden können. Die Entwicklung einer solchen standardisierten, (hersteller-) neutralen Schnittstelle wird zur Zeit beim RWSO angedacht.

IAO-Forum
Software-Ergonomie in der Praxis

Entwicklung von DV-Anwendungssystemen durch Sachbearbeiter

E. Bräutigam
(Gemeinde Emstal)

W. van Treeck
(Gesamthochschule Kassel)

Emstaler Gemeinderats-Informationssystem

Im Rahmen des Programms "Humanisierung des Arbeitslebens" und mit dem Ziel menschengerechter Gestaltung von Computerarbeit hat der Bundesminister für Forschung und Technologie das Projekt "Entwicklung von kommunalen DV-Anwendungssystemen durch den Sachbearbeiter" gefördert. In diesem Projekt hat die Gemeinde Emstal mit Hilfe wissenschaftlicher Beratung durch die Gesamthochschule Kassel das "Emstaler Gemeinderats-Informationssystem" erarbeitet.

Dabei geht es um die computergestützte Dokumentation von und Recherche in Protokollen der Gemeindevertreter, Gemeindevorstands- und Gemeindeausschußsitzungen. Die Protokolle der Gemeindegremien wurden zuvor per Hand und Schreibmaschine abgefaßt und in Ordnern gesammelt. Probleme traten etwa beim Suchen nach und Wiederfinden von Beschlüssen auf. Nicht immer konnte geklärt werden, ob, wann und mit welchem Ergebnis zu bestimmten Gegenständen bereits ein Beschluß gefaßt worden war; Beschlüsse mit unterschiedlichen Ergebnissen zum gleichen Gegenstand kamen vor. Ein computergestütztes Informationssystem kann hier Besserung bewirken. Es kann aber auch - im Geflecht unterschiedlicher Informationsinteressen - Zugangsselektionen und damit Informationsvorsprünge begünstigen.

Generelles Ziel des Projektes war die Erkundung von Möglichkeiten und Grenzen einer Entwicklung des Gemeinderats-Informationssystems durch Fachkräfte der Verwaltung mit Hilfe von Entwicklungs-Software, die für Fachkräfte organisatorisch und qualifikatorisch bewältigbar ist. Das bedeutete zugleich ihre Befähigung, ihre Arbeitsprobleme und -prozesse selbst zu analysieren, die angemessenen technischen Unterstützungsmittel soweit wie möglich selbst auszuwählen und zu gestalten. Das Projekt verfolgte ein Konzept der "Selbstgestaltung", was Unterstützung, Beratung und Qualifizierung mit Hilfe von DC-Sachverständigen einschloß. Die Erkundung auch der Grenzen von Selbstgestaltung sollte nicht bedeuten, einmal festgestellte Grenzen als fixe, vielmehr als verschiebbare zu begreifen.

Bei Projektbeginn stellte sich die Gemeindeverwaltung Emstal wie folgt dar. Insgesamt 15 Beschäftigte waren vorhanden, um die Verwaltung der Gemeinde Emstal mit 5.300 Einwohnern zu bewältigen. Zur Datenverarbeitung gab und gibt es einen Online-Anschluß zum Kommunalen Gebietsrechenzentrum Kassel. Mit dem Rechenzentrum wurde und wird im Bereich des Einwohnerwesens, des Finanzwesens, des Personalwesens und der Steuer- und Gebührenabrechnung zusammengearbeitet. Die Qualifikation der Mitarbeiter beschränkte sich auf die Bedienung der Terminals, die Eingabe von Daten und den Abruf von Auswertungen.

Die Tatsache, daß ein Rechenzentrum, das für eine ganze Region zuständig ist, nicht auf die individuellen Anforderungen einer Gemeinde eingehen kann, wurde seinerzeit und wirdnoch heute als unbefriedigend empfunden. Für ein Gemeinderats-Informationssystem bedeutete das die Ablehnung einer Datenbanklösung des Kommunalen Gebietsrechenzentrums, die eine Protokollrecherche nach vorgängiger Verschlagwortung ermöglicht:

- Bei einer Verschlagwortung können veränderte oder neu entstehende Begriffe nur mit erheblichem Aufwand berücksichtigt werden.

- Ein Datenzugriff beim Rechenzentrum ist aus Gründen der Wartung,von Updates oder Leitungsstörungen nicht unbeschränkt und jederzeit möglich.

- Die Überwachung der Zugangsbefugnis zu den Protokollen der Gremien wird an eine externe Institution übertragen.

Das Emstaler Gemeindrats-Informationssystem wurde zunächst als Einplatzlösung realisiert, die in der Hauptphase des Projekts durch ein Mehrplatzsystem abgelöst wurde. Die hausinterne Vernetzung der PCs ermöglichte es, daß mehrere Verwaltungsbeschäftigte in den Programmen arbeiten können. Der Anschluß eines portablem PC mit Hilfe eines Modems erlaubt es, daß auch während der (räumlich entfernten) Sitzungen der Gemeindevertretung oder anderer Gremien im Bedarfsfall Beschlüsse und andere Informationen aufgerufen und ausgedruckt werden können.

Von Beginn des Projektes an wurden in regelmäßigen Abständen auch die nicht unmittelbar einbezogenen Verwaltungsbeschäftigten und politischen Mandatsträger der Gemeinde über Ziele und Fortgang der Projektarbeiten informiert. Verständnis für das Vorhaben zu wecken, war nicht immer einfach und stieß auch auf Widerstände. Die Widerstände konnten zum Teil bis zum Projektende nicht restlos ausgeräumt werden: Praktiker sind ergebnisorientiert; der experimentelle Charakter des Projektes verlangte aber auch, Umwege, Erprobungen mit ungewissem Ausgang etc. zuzulassen. Einige der Probleme, die zum Teil durch das Projekt selbst erst aufgeworfen wurden und für die die Beschäftigten Lösungen zu entwickeln hatten, wollen wir skizzieren:

1. Unmittelbare Träger des Projekts waren zwei weibliche Assistenzkräfte des Bürgermeisters und aus der Haupt- und Finanzabteilung (traditionell für die Archivierung

und Suche nach Protokollen, für die Wiedervorlage und Terminverwaltung zuständig), ohne DV-technische Vorkenntnisse, und eine für die Hauptphase des Projekts zur Entlastung angestellte weibliche Assistenzkraft, mit DV-Grundlagenwissen. Dieser Konstellation ist das Problem immanent, daß die zur Selbstgestaltung notwendigen Qualifikationen im Laufe des Projekts selbst erst erworben werden müssen. Diesem Problem wurde seine Schärfe dadurch zu nehmen versucht, daß alle im Verlauf des Projekts anfallenden Planungs-, Entwicklungs- und Lernprozesse konsequent mit der Partizipation der Assistenzkräfte verbunden wurden. Die Partizipation kam bei der Ausformulierung von Funktionsanforderungen und bei der Konzeptionierung des Systems (z.B. Strukturierung der Protokolle nach Feldern und Schlüsselfeldern, um differenzierte Suchmöglichkeiten zu eröffnen) ebenso zum Tragen wie bei der Entwicklung des Qualifizierungskonzepts. Sie steigerte sich im Verlauf des Projekts bis hin zu Arbeitsformen, die das Attribut "selbstgestaltet" verdienen.

2. Das Gemeinderats-Informationssystem wurde mit Hilfe eines Dokumenten-Retrievalsystems für Personal-Computer und einem als Editor vorgeschalteten Textverarbeitungssystem entwickelt. Für die lernende Aneignung der Software hätte es nahegelegen, ihren unterschiedlichen Komplexitätsgraden folgend einen stufenweisen Lernprozeß aufzubauen. Dem stand die Logik der zu entwickelnden Anwendung entgegen, die ein Ineinanderschachteln der auf die Software-Systeme bezogenen Qualifizierungen verlangte, Die formalisierte Interaktionsweise mit dem Dokumenten-Retrievalsystem bildete zunächst eine starke Barriere für das Lernen, die nur langsam abgebaut werden konnte. Insbesondere mangelte es an Unterstützung für die lernende Aneignung in Selbstschulungsphasen durch die Software.

3. Eingriffsflexible, Selbstgestaltungskonzepte förderne Software verändert die Art und Weise ihrer lernenden Aneignung: es handelt sich nicht mehr um einen einmaligen und punktförmigen Lernvorgang; vielmehr ist ein ständiges und auf Dauer gerichtetes Lernen verlangt: Zum einen, um bereits Gelerntes nicht wieder zu verlernen, zum anderen, um Neues hinzuzulernen, weil ja das, was man mit solcher Software machen kann, nicht von vornherein oder nur in großen Umrissen feststeht. Man kann also über das einmal und anfänglich Gelernte hinaus Neues entdecken, was aber mit stets erneuerten Lernanstrengungen verbunden ist. Solche Lernprozesse müssen in die Arbeit eingeplant und eingebaut werden, umso mehr, als in kleinen Verwaltungen Lernprozesse außerhalb der Arbeit schnell an Grenzen stoßen. Die Beschäftigten müssen Bewegungsformen entwickeln, die Arbeit lernförmiger zu gestalten, ohne ihre Primäraufgabe, die Verwaltungsarbeit, zu vernachlässigen.

4. Ein enormer Vorteil kleiner Verwaltungen gegenüber großen ist der geringere Grad an Arbeitsteiligkeit, oder positiv: sind größere oder vielfältigere Aufgabenzuschnitte, und damit zugleich größere Fähigkeiten zu flexiblem Handeln, zu raschem Reagieren auf veränderte und neue Situationen, zur Improvisation in Notlagen. Mit der Aneignung eingriffsflexibler Software durch Fachkräfte der Verwaltung erweisen sich diese Fähigkeiten zunehmend als prekär: Arbeit mit dieser Software und ihre lernende Aneignung haben ihre eigene Rhythmik, die mit der bisher gewohnten Arbeitsrhythmik nicht unbedingt verträglich ist und gerade ein Zurückdrängen von Improvisation, von plötzlich und spontan auftretenden Anforderungen aus dem Arbeitsalltag verlangt. Typisch etwa die Situation des ins Sekretariat hineinstürmenden Sachbearbeiters, der etwas sofort geschrieben haben möchte, während die Assistenzkraft gerade eine Protokollrecherche startet oder an einem Textverarbeitungsproblem arbeitet. Die Beschäftigten selbst müssen eine Lösung des Problems entwickeln, wie die Arbeit planförmiger gestaltet werden kann, ohne daß die Organisation ihre Fähigkeiten zur Flexibilität und zur Improvisation einbüßt.

5. Damit verbinden sich zugleich spezifische Belastungserfahrungen: Als eines der Hauptprobleme zeigte sich bereits während der Vorphase des Projekts, daß die Sicherstellung der gegenseitigen Vertretung in einer kleinen Verwaltung gewährleistet sein muß, da sonst das gesamte Projekt in Gefahr gerät. Immer dann, wenn die gegenseitige Vertretung gefährdet war, versuchten die Mitarbeiter/innen, die Arbeit im Projekt zu vernachlässigen, um die allgemeinen Verwaltungsaufgaben abwickeln zu können. Obwohl in der Vorphase eine und in der Hauptphase zwei Arbeitskräfte zur Entlastung eingestellt wurden, hat das Projekt für die Verwaltungsbeschäftigten erhebliche Zusatzbelastungen mit sich gebracht. Die Tatsache, daß in einer kleinen Verwaltung jeder Mitarbeiter mehrere Fachgebiete bearbeiten muß, führt dazu, daß selbst durch Einstellung von Entlastungskräften eine in entsprechendem Umfang notwendige Entlastung nicht herbeigeführt werden kann. Diese war nur durch immer wieder neue Motivationsschübe zu bewältigen. Insbesondere die im Laufe der Hauptphase eintretenden praktischen Ergebnisse aber auch die Auswirkungen - z.B. im Bereich der Textverarbeitung - konnten diese Zusatzmotivation erbringen. Auch die im Projekt erworbenen Zusatzqualifikationen wurden von den betroffenen Beschäftigten als positiv empfunden und gern in Anspruch genommen.

6. In jeder Organisation bildet sich mit der Zeit eine spezifische Arbeitskultur heraus, in der die Beteiligten nicht nur eingelebte Formen der Zusammenarbeit, des Miteinander-Auskommens ausprägen, sondern sich auch ein Stück Eigenständigkeit und Selbst-

bestimmung erobern, was freilich stets auch mit spezifischen Beschränkungen verbunden ist, mit Abgrenzungen, mit Hierarchie- und Geschlechtergegensätzen (z.B. männliche Sachbearbeitung und weibliche Assistenz). Neue Informations- und Kommunikationstechniken wie das in Emstal entwickelte Informationssystem greifen in solche eingelebten Kulturen zwangsläufig ein, was zu Spannungen und Krisen führen, aber auch die Möglichkeit des Abbaus der erwähnten Beschränkungen, der Hierarchie- und Geschlechterabgrenzungen eröffnen kann. Damit stellt sich für die Beschäftigten die Aufgabe, eine überlieferte Arbeits- und Organisationskultur so umzubauen, daß sich die Arbeitsbedingungen für alle Beteiligten verbessern, Wege zu finden, auf denen quasi naturwüchsigen Verfestigungen geschlechtsspezifischer Arbeitsteilung entgegengetreten werden kann.

7. Auch nach Beendigung des Projekts verlangt das Konzept der "Selbstgestaltung", soll es nicht - im Zuge rapider Entwicklungsbeschleunigung vor allem in der Technik - auf der Strecke bleiben, weitere Unterstützung, Beratung und Qualifizierung durch DV-Sachverständige. Das Kommunale Gebietsrechenzentrum Kassel wird diese Aufgabe übernehmen. Das Gemeinderatsinformationssystem wie auch die Textverarbeitung stellen für die Gemeinde zusätzliche Möglichkeiten einer Verbesserung ihrer Arbeit dar. Das Verständnis für die Problematik der Datenverarbeitung, die weiterhin erforderliche Zusammenarbeit mit dem Kommunalen Gebietsrechenzentrum und das Verständnis für zukünftige Weiterentwicklungen im Bereich der Datenverarbeitung, konnten durch das Projekt ganz erheblich gesteigert werden. Die Gemeindeverwaltung ebenso wie die wissenschaftliche Beratung sehen die Notwendigkeit, in Zukunft Programme mehr als bisher auf die spezifischen Belange einzelner Verwaltungen auszurichten. Sinnvoll ist es dabei, die Fachkräfte, die mit diesen Programmen zu arbeiten haben, in die Programmgestaltung einzubeziehen. In welchem Umfang dies jeweils möglich sein wird, wird zum Teil von Bedingungen abhängen, auf die die Gemeinde nur einen begrenzten Einfluß hat: vor allem technische und finanzielle Ressourcen.

Selbstgestaltung ist ein nicht abschließbarer Prozeß, ein ständiger Lernvorgang. Sie verlangt Aufgaben und Aufgabenzuschnitte auf eher niedrigem Regelungsniveau, die als Herausforderungen an das subjektive Arbeitsvermögen erfahren werden. Die Tätigkeiten dürfen nicht in Routine veröden, innovatives Handeln muß möglich sein. Das Projekt hat angezeigt, daß die Bearbeitung solcher Aufgaben keinen fixen Endpunkt hat: im Entwicklungsprozeß werden neue Nutzungsmöglichkeiten, Anschlüsse und Verknüpfbarkeiten zu weiteren Aufgaben entdeckt. Software muß dies unterstützen: sie muß die selbständige Entwicklung neuer Anwendungen durch Fachkräfte erlauben; soweit sie in der Anwendungsbreite beschränkt ist, müssen Schnittstellen für den Anbau anderer Programme und Datentransfer verfügbar sein. Für Selbstgestaltung ist die Transparenz der Anwendungsentwicklung von großer Bedeutung, etwa wenn ein Stellvertreter mit dem Programm arbeiten oder eine andere Fachkraft die Anwendung übernehmen und erweitern soll. Schließlich verlangt Selbstgestaltung eine Organisation, die für Veränderungsfähigkeit, Lernförderlichkeit, möglichst zwanglose Kooperation und Autonomie offen ist.

IAO-Forum
Software-Ergonomie in der Praxis

Benutzerorientierte Softwaregestaltung im Rahmen der Weiterentwicklung der Standardsoftware Adimens

R. Mollenhauer

1 Der Hintergrund: Das Forschungsprojekt "BOSS"

Die Oberflächengestaltung von Software und die Einbeziehung der Anwender in den Entwicklungsprozeß geschieht bei marktgängigen Softwarepaketen noch weitgehend unsystematisch, obwohl von der arbeitspsychologischen Seite bereits vielversprechende theoretische Gestaltungsansätze vorgelegt wurden.

Das diesem Vortrag zugrundeliegende, gemeinsam zwischen dem IfAP der ETH Zürich und der ADI Software, Karlsruhe, durchgeführte Forschungsprojekt "BOSS" (Benutzerorientierte Softwareentwicklung und Schnittstellengestaltung, BMFT 01 HK 706) hat die Aufgabe, vorhandene Kriterien und Methoden zu sammeln, zu systematisieren, weiterzuentwickeln und empirischen Tests zu unterziehen. Nach der Erprobung an Softwareprodukten und der Softwareentwicklungspraxis sollen die Ergebnisse in einem Gestaltungsleitfaden für Benutzerschnittstellen und Dialoggestaltung zusammengefaßt werden.

In der Zusammenarbeit von Arbeits- und Organisationsspsychologen (IfAP) und einem Softwarehaus (ADI) werden die arbeitswissenschaftlichen Vorgaben aufbereitet und in Realisierungsvarianten eines konkreten Produktes (Datenbanksystem Adimens) erprobt. Die vorgegebenen Kriterien werden in eine Relation zu den hard- und softwaretechnischen Möglichkeiten gesetzt und unter Mitwirkung der Endanwender sukzessive in der Produktentwicklung berücksichtigt. Die erstellten Produktvarianten werden dabei im arbeitspsychologischen Labor ausführlichen Tests hinsichtlich der Erreichung der angestrebten Ziele (z.B. benutzerorientiertes Gestaltungskonzept, ULICH 1990, vgl. RAUTERBERG 1989) unterzogen und entsprechend verbessert. Aufgrund der weiten Verbreitung des Produktes (ca. 35.000 vollgrafische Installationen im beruflichen und privaten Einsatzkontext, insgesamt ca. 85.000 Installationen von Personalcomputern bis zu UNIX-Workstations im Markt) wird auch die Möglichkeit genutzt, einen größeren Benutzerkreis in diesen Prozeß einzubeziehen (User-Treffen, Fragebogen in Fachzeitschriften, Registrierkarten mit Fragen zum Benutzerprofil und Anwendungskontext sowie Raum für Kritik). Parallel zur Produktentwicklung untersucht das IfAP typische Softwarentwicklungsprozesse im Hinblick auf die Benutzerpartizipation, wobei die ADI ein Untersuchungsfeld darstellt.

Dieses Übungsfeld in einer realen Produktentwicklungssituation soll mit seinen Varianten hinsichtlich Produkt, Entwicklungsorganisation und Benutzerpartizipation gewährleisten, daß die späteren Empfehlungen und Leitlinien möglichst praxisgerecht formuliert werden können.

Im folgenden werden erste betriebliche Erfahrungen und eingeschlagene methodische Wege aus der Perspektive des beteiligten Softwarehauses im Kontext der benutzerorientierten Software-Entwicklung des vollgrafischen Datenbanksystems Adimens aufgezeigt.

2 Adimens als dynamische Basis

Das Datenbanksystem Adimens eignet sich aus drei Gründen besonders als dynamische Basis für die Benutzerpartizipation sowie eine Dialoggestaltung in Beziehung zu Forschungsergebnissen und Experimenten:

1. Adimens bietet *zwei* verschiedene Benutzeroberflächen auf *einer* einzigen Anwendungskomponente:

   ASCII   =   Kommando-orientiert mit Funktionstasten,

   DESKTOP =   Desktop-orientiert unter direkt-manipulativer Nutzung von Maus und Ikonen, "vollgrafisch").

2. Für experimentelle Untersuchungen stehen wegen der hohen Anzahl von Installationen Anfänger *und* Fortgeschrittene zur Verfügung.

3. Der dem *"Markenartikel"-Markt* vergleichbare Markt der Standardsoftware auf Personalcomputern, zu dem Adimens gehört, weist *Charakteristika* auf, die einen guten *Nährboden für Partizipation* bieten:

   a) Die *Lebens-/Versions-Zyklen* der Software werden einhergehend mit dem Preis-/Leistungsrennen auf der Hardware-Seite ständig kürzer.

   b) Softwareanbieter treffen zunehmend auf *Neueinsteiger* in der PC-Welt, die einerseits die Qualität der gekauften Ware ähnlich beurteilen wie bei Artikeln des Alltagsbedarfs, andererseits *aus der anonymen Nach-dem-Kauf-Situation herausbrechen wollen* mit dem Wunsch nach persönlicher Beratung und Kontaktaufnahme. Hier ist ein deutscher Anbieter durch lokale Nähe gegenüber z.B. amerikanischen Anbietern und ihren Distributoren im Vorteil.

c) Langzeit-Benutzer geben neben kritischen Hinweisen, auch ohne größere Aufforderung, konkrete Vorschläge zur Implementierung für sie wichtiger Funktionen. Andererseits ermutigt die hohe "Update-Treue" einen Softwarehersteller, benutzerseitig eingebrachte Verbesserungen bzgl. Handhabung und Funktionalität als neue Versionen auf den Markt zu bringen. Dies führt sowohl infolge Mundpropaganda zur Neukunden-Gewinnung als auch zur Vergrößerung des Anwenderpotentiales für partizipative Maßnahmen.

Schließlich kann - unter Berücksichtigung kultureller Aspekte und Möglichkeiten der Benutzerqualifizierung - eine sukzessive Durchdringung des Marktes mit derartig entstandener Software bewirkt werden. Die bereits beim Entstehungsprozeß stattfindende Benutzer-Entwickler-Kommunikation bedingt in ihrem "Ping-Pong"-artigen Ablauf eine kulturell notwendige Anpassung der Programme. Dies ist allerdings mit einem Aufwand verbunden, der von US-amerikanischen Unternehmen nicht geleistet werden *will* und von lokalen Unternehmen ohne Förderung nicht geleistet werden *kann*.

2.1 Die zweite Adimens-Generation

Zu Projektbeginn lag Adimens in seiner zweiten Generation vor (Version 2.*). Die vollgrafische Variante (Version 2.1) und die ASCII-Variante (Version 2.23) wurden, basierend auf einem gemeinsamen Datenbankkern (AdiPROG) organisatorisch getrennt entwickelt. Als Partizipationsangebote dienten in eher passiver Weise Kundenkontakte im Support, aber auch bereits in der Öffentlichkeit verkaufsfördernde Veranstaltungen (Messen, Roadshows, Händlertage, Demonstrationen / Schulungen bei einzelnen Kunden).

Der empirische Vergleich beider Varianten (in "Maus versus Funktionstaste", RAUTERBERG 1989) lenkte jedoch - infolge seines überraschenden Ergebnisses hinsichtlich der Lernförderlichkeit und Überlegenheit der vollgrafischen Variante auch bei Experten - die Konzentration auf die Desktop-Variante. Die gleichzeitig eingebrachten Gestaltungshinweise und funktionellen Anforderungen erforderten in der Entwicklungsorganisation der ADI datenbankseitig die Bereitstellung eines neuen Datenbankkernes sowie die grundlegende Auseinandersetzung mit den existierenden bzw. sich am Markt abzeichnenden Oberflächensystemen, um Einschränkungen der benutzten GEM-Oberfläche langfristig zu überwinden. Daneben wurden die bisher parallelen Weiterentwicklungen synchronisiert.

Gleichzeitig wurde das Partizipationsangebot aktiver und systematischer:

a) Bei Vor-Ort-Aktivitäten (Messen, Händlertag) wurden Benutzerzufriedenheit und Gestaltungshinweise im Kundengespräch akzentuiert.

b) In die existierende Fehler-Datenbank für die Produktentwicklung wurden für die Weiterentwicklung auch Benutzerwünsche aufgenommen.

c) Die Sprechstundenzeit in der Kundenbetreuung (Hotline) wurde erhöht und mit Mitarbeitern aus Vertrieb, Dokumentation und Entwicklung besetzt.

d) Ein Usertreffen mit ausgewählten Langzeit-Anwendern wurde veranstaltet.

e) Gemeinsam mit einer Fachzeitschrift wurde eine Fragebogenaktion durchgeführt, um das Wissen über die Benutzer (Benutzerprofil) zu vertiefen.

Während die Maßnahmen (a) bis (d) vor allem Verbesserungswünsche bzgl. Funktionalität und Handhabbarkeit lieferten, zeigte (e) darüberhinaus sowohl durch seine starke Resonanz (220 Rücksendungen) als auch durch seine inhaltliche Detaillierung (z.T. über 100 Seiten Begleittext und -Skizzen) eine hohe Partizipationsbereitschaft. Allerdings ließen gerade (d) und (e) wegen des teilweise erheblich unterschiedlichen Anwendungskontextes auch Probleme der Singularität der gewonnen Hinweise erkennen.

Mit Hilfe der Anregungen der Benutzer wurde ein Jahr nach der Vorstellung der Version 2.3 Version 3.0 im Herbst 1989 im Markt eingeführt.

2.2 Die dritte Adimens-Generation

Mit Adimens 3.0 erhielten die Benutzer wesentliche Pluspunkte für ein aufgabenangemesseneres Arbeiten (z.B. Interaktiver Join, Arbeitsumgebung, Multiple Sorting). Die Auswirkungen der umgesetzten Gestaltungsvorgaben aus den Experimenten des IfAP werden derzeit im Feld untersucht.

Die positiven Erfahrungen bei deren Entwicklung führten organisatorisch bei der ADI zu einer stärker synchronisierten Parallelisierung der Projektteams unter der "Patenschaft" je eines Produktverantwortlichen aus Vertrieb und Entwicklung mit frühzeitiger Einbeziehung der Dokumentation und interner Benutzer, z.B. aus dem Aufgabenfeld der Kundenbetreuung. Bei der Weiterentwicklung der Produkte werden seither Beta-Tests mit externen Benutzern durchgeführt, die auch die Benutzerzufriedenheit berücksichtigen.

Als neues partizipatives Instrument (infolge (2.1e)) werden seither jedem Produkt Registrierkarten beigelegt, deren Kurzfragebogen auf der Rückseite wichtige Hinweise zum Benutzerprofil, Anwendungskontext und Raum für Kritik bietet. Die Ergebnisse der regelmäßigen Auswertung dieser Informationen beeinflußte in erheblichen Maß Leistungsmerkmale und Handhabbarkeit der - wiederum nach einem Jahr - fertiggestellten Version 3.1 (Bild-Verwaltung, Query-by-Example, Datentyp Zeit, Linker Rand bei Listen, u.v.m.).

2.3 Die vierte Generation

Parallel zur Version 3.1 entsteht derzeit eine Adimens-Variante unter Windows 3.0, dessen grafische- und Multitasking-Möglichkeiten die Implementierung weiterer grundlegender Gestaltungsvorgaben des IfAP (Öffnen mehrerer Datenbanken, Multi-Windowing auch bei Masken, direktmanipulativer Datenaustausch auch zwischen unterschiedlichen Anwendungsprogrammen) zulassen. Zur Umsetzung der in der zweiten und dritten Generation benutzerseitig geforderten Leistungsmerkmale (z.B. Data-Dictionary) wird der in 2.1 erwähnte neue Datenbankkern für die Anwendungskomponente verwendet.

3 Praktische Anforderungen

Die gemachten Erfahrungen können im Hinblick auf eine benutzerorientierte Software-Entwicklung im Bereich der Standardsoftware aus der Sicht des entwickelnden Softwarehauses zu drei miteinander in Wechselwirkung stehenden Anforderungen zusammengefaßt werden.

1. In der *Aufbauorganisation des Softwarehauses* sind Maßnahmen zu treffen, die über die marktnotwendige Kundenorientierung und damit verbundene verkaufsfördernde Strategien zum Absatz der entwickelten Produkte hinausgehen in Bezug auf:

a) die Förderung der Orientierung am Benutzer in allen Unternehmensbereichen durch internen exemplarischen Einsatz von Produkten (inkl. Varianten) so früh wie möglich (Beta-Test), so breit wie möglich (Marketing-Datenbank, Vertriebssteuerung und Auftragsabwicklung, Produkt-Datenbank) verbunden mit regelmäßigen internen Präsentationen bereits im frühen Entwicklungsstadium (aktuelle Auseinandersetzung mit repräsentativen Benutzern in unmittelbarer Nähe sowie Anreicherung des Pflichtenheftes mit aktuellen, Verbesserungsmöglichkeiten, z.B. aus der Kundenbetreuung,

b) die Auffächerung des Kundenkontaktes im Unternehmen sowie auf externen Veranstaltungen unter direkter Beteiligung möglichst vieler Mitarbeiter,

c) die Verfügbarkeit einer Ablauforganisation, die Resultate aus den mittels (a) und (b) geöffneten Kanälen der Benutzerbeteiligung in neue Produkte oder oder Dienstleistungen (Training, Workshops) einfließen läßt.

2. Benutzerorientierte Software-Entwicklung benötigt für ihre konsequente Umsetzung ein *Qualitätssicherungssystem*, das

a) die Produktqualität auf Arbeitsqualität zurückführt und jeden Mitarbeiter durch seine verantwortungsbewußte Arbeit an der Qualität derjenigen Produkte und ihrer Komponenten beteiligt, die sein Aufgabengebiet berühren.

b) im gesamten Entstehungsprozeß an den Stationen eines Qualitätskreises (nach DIN ISO 9004) Möglichkeiten der Benutzerpartizipation berücksichtigt.

c) durch hinreichende Systematisierung die fortlaufenden Verbesserung der Produkte mit dem Ziel einer menschengerechte Gestaltung von Software fördert.

3. Als wesentliche *Instrumente der hier erprobten Software-Entwicklungsmethode*, die eine benutzerorientierte Softwareentwicklung im Detail gewährleisten, sind zu nennen:

a) *Benutzerprofil und -kontakte* (Von der Breite bis in die Tiefe): Registrierkarte mit Kurzfragebogen zum Benutzerprofil, Anwendungskontext und Raum für Kritik, Berichterstattung in Fachzeitschriften zur Aktivierung der Leser/Anwender, Vor-Ort-Aktivitäten (Messen, Handel), Telefonnotizen (Hotline) und Wunschzettel-Briefe in der Kundenbetreuung, Diskussionen mit Benutzern (z.B. für die Lastenhefterstellung, telefonisch oder über User-Treffen).

b) *Mitarbeiterbeteiligung*:: Produktverantwortliche "Paten" aus Vertrieb und Entwicklung auch noch nach begonnener Vermarktung, Kundenbetreuung in personeller Mischbesetzung aus den Bereichen Vertrieb, Dokumentation, Entwicklung, Projektdurchführung parallelisiert in Teams aus den Bereichen Marketing, Vertrieb, Dokumentation, Entwicklung von Anfang an, Mitarbeiter des Unternehmens als repräsentative Benutzer.

c) *Produktqualität*:: Fehler-/Wunsch-Datenbank und Versions-Historie innerhalb eines Qualitätssicherungssystem zur Unterstützung bei der Produktfestlegung und -entwicklung, Qualitätsprüfung sowie der Kundenbetreuung.

Die entstandenen Strukturen und Instrumente können neben Bewertungs- und Gestaltungsschemata ein Software-Engineering für eine menschengerechte Gestaltung von Software unterstützen. Die gemachten Erfahrungen zeigen deutlich, daß Innovationen unter einer ganzheitlichen Sichtweise erforderlich sind. Einer Sichtweise, die den Benutzer trotz aller genannten Maßnahmen als autonomes, sich qualifizierendes Subjekt sieht, nicht jedoch als *Objekt* cleverer Marketingstrategien. Dies steht im Einklang mit dem im Rahmen des Projektes entstandenen Integrationsmodell für die Gestaltung partizipativer Software-Entwicklungsprozesse.

Literaturverzeichnis

DIN e.V. Berlin (1990) DIN ISO 9004. Berlin: Beuth-Verlag.

RAUTERBERG, M (1989) Maus versus Funktionstaste: Ein empirischer Vergleich einer desktop- mit einer ASCII-orientierten Benutzeroberfläche. In: Software-Ergonomie'89. (MAASS, S. & OBERQUELLE, H.; Hrsg.). Stuttgart: Teubner; S. 313 -323.

SPINAS, P.; WAEBER, D; STROHM, O. (1990) Projektbericht zum Forschungsprojekt Benutzerorientierte Softwareentwicklung und Schnittstellengestaltung. ETH Zürich: IfAP.

Adresse des Autoren:
  Raimund Mollenhauer
  ADI Software GmbH
  Hardeckstr. 5
  7500 Karlsruhe

IAO-Forum
Software-Ergonomie in der Praxis

Teil IV

Gestaltungsrichtlinien

IAO-Forum
Software-Ergonomie in der Praxis

Ergonomische Gestaltung von Benutzungsoberflächen durch firmeninterne Standards

B. Suck

1. Das Unternehmen DATEV

Die Genossenschaft DATEV ist die Datenverarbeitungsorganisation des steuerberatenden Berufes. Sie bietet EDV-Lösungen für die Aufgabenstellung dieses Berufsstandes. Das Angebot der DATEV umfaßt circa sechzig unterschiedliche Produkte. Dies sind überwiegend Verbundanwendungen, also Programme, die nicht isoliert vor Ort betrieben werden, sondern in Verbindung mit dem DATEV-Rechenzentrum in Nürnberg. Zur Zeit werden Vorbereitungen getroffen, ein integriertes Produkt unter dem Betriebssystem OS/2 für IBM-PC oder Kompatible anzubieten.

Einige Zahlen zur Verdeutlichung des Entwicklungsumfeldes:

(Stand 31.12.89)

UMSATZ	:	535,5 Mio. DM
Mitglieder	:	29.375
Mitarbeiter	:	3.189
davon ca.	:	700 Entwickler

Die Produktpalette setzt sich zusammen aus den Bereichen:

- System- und Erfassungssoftware
- Kanzleiorganisation
- Steuerberechnung
- Buchführung
- Jahresabschluß
- Wirtschaftsberatung
- Datenbanken
- Branchenlösungen

Derzeitige Zielsysteme der DATEV sind IBM-PC oder Kompatible mit 80286/386-Prozessoren unter dem Betriebssystem DOS ab Version 3.3. Die überwiegende Mehrzahl der Anwender verfügt jedoch über Systeme mit 8086/88 Prozessoren und Bildschirmen mit geringer Auflösung sowie eingeschränkter Grafikfähigkeit. Dies muß in der Gestaltung des firmeninternen Style Guide für Benutzungsoberflächen berücksichtigt werden.

2. Historie des firmeninternen Style Guide

Bereits 1983 wurde bei DATEV ein Anwender-System-Standard (ASS) entwickelt. Es handelte sich um eine Zusammenstellung aller Themenkreise, die seit Beginn der Entwicklung von Verbundprogrammen bei DATEV im Rahmen der Standardisierung der Benutzungsoberflächen behandelt wurden.

Dieser Anwender-System-Standard beschrieb:

- das Layout von Menüs und Eingabemasken

- Ein- und Ausgaberegeln

- die Belegung der Bildschirmsteuerungstasten

- die Verwendung der DATEV-spezifischen sog. S-Tasten

- die Anzeige der Bedienerführung

- das Layout von Fehler- und Hinweismeldungen.

Da keine anderen Marktstandards existierten, wurden als Basis die bestehenden DIN-Normen für Bedienoberflächen gewählt. Die Anwendungen waren nicht ereignisorientiert, sondern stark hierarchisch aufgebaut. Die Bildschirme wurden im Textmodus betrieben. Masken und Menüs wurden nicht in Fenstern, sondern im Full-Screen-Modus dargestellt. Meldungen wurden in der letzten Bildschirmzeile ausgegeben.

Schwerpunkt der damaligen Überlegungen zur Software-Ergonomie war nicht die Frage, wie leicht man ein Programm erlernen kann, sondern wie schnell man eine Anwendung bedienen kann. Es handelte sich zumeist um Erfassungssoftware (z. B. Erfassung von Buchungssätzen). Die Eingaben wurden auf Plausibilität geprüft, sogenannte Vorläufe erzeugt und per DFÜ in das DATEV-Rechenzentrum übertragen oder auf Diskette/Band eingeschickt.

Ziel war also, den Anwender bei der Erfassung optimal zu unterstützen. Für diese Massendatenerfassung wurde eine eigene DATEV-Tastatur konzipiert.

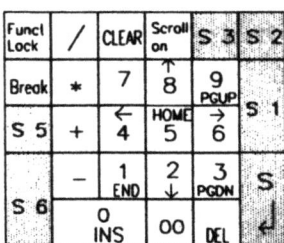

Abbildung 1: Numerischer Block der DATEV-Tastatur

Die Tasten, die um den numerischen Tastaturblock gruppiert sind, wurden mit DATEV-spezifischer Erfassungsfunktionalität wie folgt ausgestattet:

Taste	Funktion
S	: Auslösen oder Sollbuchung
S1	: Habenbuchung
S2	: Primanotenwechsel / Sprung zur Kostenstelle 1
S3	: Zwischensumme
S5	: Gruppensumme
S6	: Sprung zum Textfeld

Durch diesen firmeninternen Standard war es möglich, große Datenmengen mit größtmöglicher Ergonomie sehr schnell zu erfassen. Durch die Ausstattung des numerischen Tastaturblockes mit zusätzlicher Funktionalität, konnte der Anwender Eingaben mit einer Hand durchführen. Die

F-Tasten, die für solche Funktionen vorgesehen sind, aber speziell für die schnelle Erfassung sehr ungünstig (links oben) liegen, wurden bei der Erfassung von Massendaten nicht benötigt.

Neben reinen Erfassungssystemen hat die DATEV zunehmend weitere vertikale Softwareprodukte entwickelt. Neuere Erkenntnisse der Software-Ergonomie bzgl. verbesserter Dialogtechniken sollten in diese Anwendungen einfließen, um dem

Anwender eine möglichst einfache, leicht erlernbare Bedienung der DATEV-Produkte zu bieten. Deshalb war es notwendig, den bestehenden Standard weiterzuentwickeln.

Neuentwicklungen mußten unter einem gemeinsamen Standard kanalisiert werden, um ein Auseinanderdriften der Oberflächen verschiedener Anwendungen zu verhindern.

Bei der Neuentwicklung eines Style Guide standen zwei Möglichkeiten zur Auswahl:

- 100%ige Übernahme eines Marktstandards

- Symbiose aus Marktstandard und Eigenentwicklung

Da die DATEV auch weiterhin "Alt-Systeme" unterstützen muß, können Marktstandards nicht 100%ig übernommen werden. Diese sind meist für grafikfähige Systeme konzipiert. Die Symbiose hat den Vorteil, DATEV-Belange zu berücksichtigen und gleichzeitig einen Industriestandard möglichst weitgehend zu unterstützen. Zudem wird für den Anwender ein "weicher" Übergang zwischen "alten" und "neuen" Oberflächen erreicht.

3. Der CUA-Standard als Grundlage

Aus diesem Grund wurden 1988 neue Richtlinien auf der Basis des CUA-Standards (Common User Access) konzipiert. Der CUA-Standard ist Bestandteil des SAA-Konzeptes (SAA = Systems Application Architecture) der IBM. Er beschreibt Oberflächen sowohl für grafikfähige als auch für zeichenorientierte Bildschirme.

Die folgende Abbildung zeigt, daß nur Teile des CUA übernommen wurden und Teile des bisherigen Standards integriert worden sind.

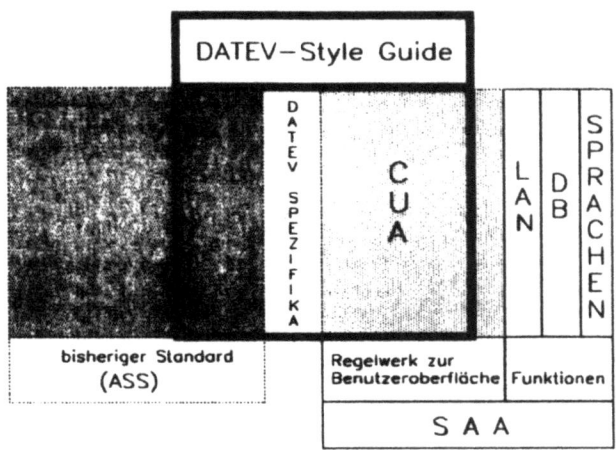

Abbildung 2: Bestandteile des DATEV-Style Guide

Bei der Mehrheit der Anwender befinden sich Systeme im Einsatz, deren technischen Restriktionen bei der Gestaltung von Oberflächenstandards berücksichtigt werden müssen.

So sind bestimmte Systeme nicht grafikfähig, andere erfüllen nur den CGA-Standard. CUA ist vorwiegend für grafikfähige Systeme konzipiert, die den EGA bzw. den VGA-Standard erfüllen. Betreibt man die "Alt-Systeme" im Grafikmodus, so führt dies zu einer schlechteren Bildschirmauflösung, einer schlechten Lesbarkeit und einer verringerten Anzahl der darstellbaren Farben/Schattierungen. Die Performance wird wesentlich verlangsamt.

Hieraus resultiert kein Ergonomiegewinn, sondern eher ein -verlust für den Anwender.

Aus diesem Grund wurde der Standard für pseudographische Oberflächen für Systeme konzipiert, die im Textmodus betrieben werden.

Deshalb können bestimmte Bildschirmelemente, die CUA für Grafiksysteme verwendet, nicht dargestellt werden.

Hier wurden auf der Basis des ASCII-Zeichensatzes Ersatzdarstellungen gewählt, z. B.

- Pfeile statt Scrollbars

- Darstellung von Feldlängen durch Punkte, nicht durch Kästchen

- grafischer Punkt statt Check Box für Mehrfachauswahl

- andere Farbe statt Schattenschrift für temporär nicht aktive Alternativen

- geändertes Farbkonzept

CUA sieht die Belegung von 12 F-Tasten mit fest definierten anwendungsübergreifenden Funktionen vor. Da bei Anwendern auch Systeme im Einsatz sind, die "nur" 10 F-Tasten besitzen (z. B. Portable), kann CUA in dieser Hinsicht nicht verfolgt werden. Zur Verbesserung der Ergonomie wurde die von CUA beschriebene F-Tastenbelegung nicht übernommen.

Um Host- und PC-Welt zu integrieren, sieht CUA vor, für Funktionen wie "abbrechen", "blättern vor", "blättern zurück", etc. Funktionstasten zu belegen. Diese Funktionen werden auf PC-Tastaturen über Bildschirmsteuerungstasten wie Esc, Pgdn, Pgup abgedeckt. Stattdessen werden die Bildschirmsteuerungstasten einheitlich gemäß CUA belegt und die F-Tasten anwendungsspezifisch, damit häufig genutzte Funktionen schnell angewählt werden können. Einheitlich belegt sind weiterhin F1=Hilfe, F9=Service (Aufruf übergreifender Utilities, wie Taschenrechner, Kalender, Notizblock) sowie F10=Menü (Wechsel zwischen Arbeitsbereich und Menüleiste).

CUA sieht auch vor, daß Primär- und Sekundärwindows verschiebbar und in der Größe veränderbar sein müssen. Stattdessen wurde ein Algorithmus entwickelt, der gewährleistet, daß ein zusätzliches Fenster (z. B. ein Hilfetext) so eingeblendet wird, daß zugehörige Informationen (z. B. Feldinhalte) nicht überdeckt werden. Die von CUA vorgesehene Funktionalität wird somit vom Anwender nicht benötigt.

Auch hier war ausschlaggebend, daß DATEV-Anwendungen nur mit Schwierigkeiten die Restriktionen der "Alt-Systeme", hier vor allem die 640 KB-Grenze des Hauptspeichers einhalten können und solche Funktionalität dann zu Lasten der eigentlichen Anwendung geht.

4. Ziele des DATEV-Style Guide

Oberstes Ziel ist die weitgehende Vereinheitlichung der Benutzungsoberflächen der DATEV-Produktpalette. Durch die damit verbundene geringere Individualisierbarkeit entstehen mitunter geringfügige Nachteile in der Handhabung einer einzelnen Anwendung, die bewußt in Kauf genommen werden. Es soll vermieden werden, daß einzelne Anwendungen eigene Konzepte der Kommunikation mit dem Benutzer entwerfen. Ziel ist die Konvergenz der Produkte unter Verwendung zukunftsorientierter Dialogtechniken.

Für den gesamten Software-Entwicklungsprozeß werden deshalb Richtlinien (z. B. Programmier-, Dokumentationsrichtlinien) benötigt. Der DATEV-Style Guide enthält hiervon eine Untermenge, die sich auf das Design von Oberflächen in der Phase des Fachentwurfs bezieht. Moduln zur Darstellung der Oberfläche, die in folgenden Phasen realisiert werden, können durch die Vereinheitlichung (in Form eines Baukastens) auch in anderen DATEV-Produkten wiederverwendet werden.

Durch die Standardisierung sollen nicht nur für die Entwickler, sondern vor allem für die Anwender Fortschritte erzielt werden.

Durch eine fest definierte Layoutgestaltung für Masken und Menüs sowie die einheitliche Handhabung der Bedienelemente reduziert sich der Lern- und Bearbeitungsaufwand beim Anwender erheblich. Er kann mehrere DATEV-Produkte nutzen, ohne dabei umdenken zu müssen.

Benutzerfreundlichkeit verlangt darüber hinaus einheitliche Datenbestände und einheitliche Funktionsabläufe. Hierdurch wird z. B. zeitraubendes Überspielen und Konvertieren von Daten vermieden. Gleiche betriebswirtschaftliche Funktionen sollen gleiche Namen tragen und mit gleichen Tastenfolgen ablaufen, um eine funktionale Ergonomie zu erreichen.

Deshalb soll der DATEV-Standard den CUA-Standard um firmenspezifische Richtlinien zur Vereinheitlichung der Funktionsabläufe, des Drucklayouts und der Anwenderdokumentation erweitern.

Während der CUA-Standard oder andere Marktstandards nur die Vereinheitlichung und Ergonomie am Bildschirm bewirken, hat der DATEV-Style Guide das Ziel, das Produkt in seiner Gesamtheit also inklusive Daten, Funktionen, Druckoutput und Anwenderdokumentation zu vereinheitlichen.

In Bereichen, in denen CUA aufgrund der Allgemeingültigkeit noch große Gestaltungsspielräume zuläßt, engt der DATEV-Standard diese Spielräume ein, um weitere Ergonomiegewinne für die Anwender von DATEV-Produkten zu erreichen.

Um dies zu erreichen, muß die "unkontrollierte Phantasie" der Entwickler hinsichtlich der Ausgestaltung der Oberfläche und produktübergreifender Funktionen der DATEV-

Produkte in geordnete Bahnen gelenkt werden. Der Style Guide soll hierzu eine Orientierung sein.

Die Erkenntnisse der Softwareergonomie hinsichtlich Design-Zielen wie Steuerbarkeit, Erwartungskonformität, Selbsterklärungsfähigkeit, Robustheit und Deutlichkeit der Darstellung sind in der Literatur wegen der notwendigen Allgemeingültigkeit noch zu wenig operationalisiert. Hier soll der Style Guide in Form von detaillierten Checklisten die Umsetzung dieser Ziele in DATEV-Anwendungen erleichtern.

5. Inhalte des DATEV-Style Guide

Dieses Richtlinien werden dem Entwickler in Form eines DIN A5-Handbuches als Nachschlagewerk unter dem Titel "Standard für pseudografische Benutzungsoberflächen" zur Verfügung gestellt. Die Ausführungen können grob in Muß-, Soll- und Kann-Bestimmungen unterteilt werden. Dadurch wird deutlich gemacht, welche Regeln eingehalten werden müssen, in welchen Bereichen Wahlmöglichkeiten bestehen und welche anwendungsneutrale Funktionalität wünschenswert, aber nicht obligatorisch ist.

Hierzu ein Beispiel zur Verdeutlichung:

Die Feldlänge von Eingabefeldern _muß_ mit Punkten dargestellt werden. Eingabefelder _sollen_ links- oder rechtsbündig (Taschenrechnerdarstellung) ausgerichtet werden, nicht aber ungeordnet. Zu Eingabefeldern _kann_ ein Fenster geöffnet werden, das die möglichen Eingabealternativen in einer Liste enthält, die nach Auswahl automatisch in das Feld übernommen werden. Zum Öffnen des Fensters _muß_ die F3-Taste verwendet werden.

Das Handbuch ist in acht Fächer mit folgenden Inhalten unterteilt:

- Dialog-Design

- Dialog-Komponenten

- Hilfesystem

- Tastenbelegung

- Farbgestaltung

- Druckfläche

- Fachschriften

- Standardisierte Funktionen

Das Fach Dialog-Design enthält jeweils kurze Beschreibungen zu Design-Zielen wie Erwartungskonformität, Steuerbarkeit etc. Zur besseren Operationalisierbarkeit wurden Checklisten erarbeitet, an denen man sich bei der Gestaltung einer Anwendung orientieren kann.

```
                Standard für pseudografische Benutzungsoberflächen V 1.0
                    1  Dialog-Design
_____

1.2.3  Meldungen_
 - Sind die Meldungen benutzergerecht, d. h. kann der Anwender eine
   Meldung verstehen und richtig darauf reagieren?
 - Wird eine Meldung aus Sicht des Benutzers formuliert und nicht
   aus Sicht des Entwicklers?
 - Enthält eine Fehlermeldung nicht nur die Fehlerursache, sondern
   auch Hinweise zur Korrektur?
 - Wird der Anwender mit "Sie" angesprochen?
 - Werden humorvolle bzw. tadelnde Formulierungen vermieden?
 - Ist eine Meldung in der aktuellen Dialogsituation wirklich nötig?
 - Wird eine Meldung angezeigt, wenn ein Vorgang längere Zeit dauert?
 - Wird in kritischen Situationen zurückgefragt, ob eine Aktion des
   Anwenders tatsächlich durchgeführt werden soll?

1.2.4  Hilfefenster
 - Wird der Bearbeitungsfluß so wenig wie möglich durch die Hilfe-
   texte unterbrochen?
 - Sind die Texte eine konkrete Hilfe in der aktuellen Situation?
 - Enthalten die Texte Hinweise zum weiteren Vorgehen?
 - Sind die Texte gut gestaltet und strukturiert?
 - Werden verständliche Formulierungen verwendet?
 - Enthalten Hilfetexte möglichst oft Beispiele anstatt umfangreiche
   Erläuterungen?
 - Werden die Texte aus Sicht des Benutzers formuliert und nicht aus
   Sicht des Entwicklers?
 - Wird der Anwender mit "Sie" angesprochen?
 - Sind die Texte weder humorvoll noch tadelnd?
 - Werden möglichst aktive statt passive Verbformen verwendet?
 - Werden Substantive vermieden, wenn Verben möglich sind?
 - Sind die Sätze möglichst kurz und nicht verschachtelt?
 - Werden doppelte Verneinungen vermieden?
 - Werden Abkürzungen möglichst vermieden?
_____
H431              Stand:  Mai 1990                    Seite 1-8
```

Abbildung 3: Auszug aus dem DATEV-Style Guide

Unter Dialog-Komponenten ist beschrieben, wie Masken und Menüs zu gestalten und zu bedienen sind, die Rückmeldungen des Systems sowie Programmstart, -ende und -rücksprung.

Zur Vermeidung einer nachteiligen Kommandosprache werden Ring-Style-Menüs mit Action bar und zugehörigen Pull-Down-Menüs unterstützt. Die Auswahl erfolgt über eindeutig vergebene Buchstaben oder Balkencursorsteuerung. Auswahl über Hot-Keys ist ebenso möglich. Innerhalb von Eingabemasken werden häufig genutzte Funktionen über F-Tasten ausgelöst.

Es werden Status-, Hinweis- und Fehlermeldungen (auch farblich) unterschieden, die in Fenstern ausgegeben werden. Der Programmstart erfolgt einheitlich aus einem Menü über Ziffernauswahl. Programme werden über die ESC-Taste im Hauptmenü einheitlich beendet.

In DATEV-Produkten ist ein Hilfesystem integriert, das dem Anwender situativ Hilfetexte anbietet. In Eingabemasken werden feldbezogene Kurz- und Langhilfen angeboten, in Menüs wird pro Alternative zur näheren Erläuterung eine einzeilige Anleitung eingeblendet. Davon unabhängig kann der Anwender eine Hilfetafel aufrufen, die sämtliche Tastenbelegungen der Anwendung anzeigt.

In einigen Produkten hat der Anwender darüber hinaus die Möglichkeit, eigene individuelle Hilfetexte (Infos und Memos) feld- oder ordnungsbegriffbezogen (z. B. Mandant) zu erfassen und bei Bedarf aufzurufen oder zu erweitern.

Der Einstieg in das Hilfesystem und das Layout der Texte ist vereinheitlicht. Mit der F1-Taste wird ein Menü aufgerufen, das kontextbezogen die vorhandenen Hilfen anzeigt. Hierdurch müssen keine weiteren F-Tasten mit Hilfefunktionen belegt werden.

Zur stärkeren Unterstützung ungeübter Anwender besteht die Möglichkeit, Hilfetexte automatisch bei Betreten eines Feldes anzuzeigen. Dieser Profi-/Laienmodus ist an- und ausschaltbar.

Das Kapitel "Tastenbelegung" beschreibt die Verwendung der Bildschirmsteuerungstasten in Menüs und Eingabemasken, die Belegung der F-Tasten, soweit diese nicht frei belegbar sind, und die Verwendung von Alphatasten-Kombinationen. Darüber hinaus sind die Tastendarstellungen und - bezeichnungen in der Bedienerführung vereinheitlicht.

Die Farbgestaltung berücksichtigt die Erkenntnisse der Farbergonomie. Der Anwender hat neben einer Standardfarbeinstellung die Möglichkeit, die Farben/Schattierungen nach seinen Wünschen einzustellen.

Die Farben variieren in der Grundeinstellung nach Fenstertyp, z. B.

- Masken   weiß/blau   Menüs   weiß/türkis

- Fehler   weiß/rot   Hinweise   weiß/türkis

Mehrere Bildschirmtypen werden dabei individuell unterstützt, z. B. Schwarz-/Weiß-, Monochrom-, Positiv- und Farbbildschirme.

Das Kapitel "Druckfläche" enthält, in Erweiterung des CUA, Regeln zur Vereinheitlichung des Druckoutputs hinsichtlich Rändern und Schriftbild. Da der Druckoutput zum überwiegenden Teil aus formatierten Listen und Formularen besteht, benötigt der Anwender nur geringe Möglichkeiten zur eigenen Gestaltung. Drucken nach dem WYSIWYG-Prinzip wird nicht benötigt. Desweiteren ist das Einstellen von Druckparametern, das Starten des Druckens und der Aufbau der entsprechenden Fenster vereinheitlicht.

Unter "Fachschriften" werden Regeln zur Gestaltung, zum Layout und zum inhaltlichen Aufbau von Anwenderhandbüchern, Leitfäden, Programmkarten und Beipackzettel zusammengefaßt.

Der Einführungsteil der DATEV-Handbücher enthält eine Kurzbeschreibung des Leistungsumfanges, organisatorische Hinweise zur Programmeinführung und -anwendung, einen Wegweiser durch die Programmstruktur und eine Kurzeinführung für Einsteiger. Der Nachschlageteil ist unterteilt in ausführliche Beschreibungen zur Handhabung des Produktes, Fehlerverzeichnis, Stichwortverzeichnis und technische Leistungsbeschreibung.

"Standardisierte Funktionen" sind Funktionen, die in mehreren DATEV-Produkten verwendet werden, bisher jedoch an unterschiedlichen Stellen, mit unterschiedlichen Aufrufen und Abläufen. Der Standard regelt den Aufbau der Einstiegmenüs der Anwendungen inklusive Menüleiste und zugehörige Pull-Down-Menüs. Da es jedoch zwangsläufig Unterschiede in der produktspezifischen Funktionalität gibt, sind spezifische Erweiterungen möglich, oder es können Funktionen entfallen.

Die funktionale Standardisierung verfolgt das Ziel, gleiche Funktionen mit gleichen Namen an den gleichen Stellen der Anwendungen aufzurufen. Es muß in jedem Fall versucht werden, weitere Funktionen analog zu gestalten.

Beispiele für standardisierte Funktionen sind Mandant/Objekt auswählen, anlegen, ändern, löschen, kopieren, sichern, einspielen sowie die Einstellung von Optionen (Piepton, Bedienerführung, etc.) und das Erfassen von Standardwerten.

Der DATEV-Style Guide wird ergänzt um eine Demo-Anwendung, die die wichtigsten Elemente visualisiert. Deren Handhabung kann von den Entwicklern interaktiv am Bildschirm erprobt werden, in Ergänzung zu den umfangreichen Beschreibungen des Regelwerkes.

6. Schwierigkeiten bei der Einführung

Die Einführung eines Style Guide in ein Unternehmen macht neben der Veröffentlichung flankierende Maßnahmen notwendig. Bei der Entwicklung des Standards müssen Anregungen und Kritik der Entwickler aufgenommen werden, um später die notwendige Akzeptanz zu schaffen.

Schulungen und beratende Gespräche sind in frühen Phasen der Produktentwicklung notwendig, um Abweichungen weitestgehend ausschließen zu können und um zeitaufwendige Korrekturen in den folgenden Phasen zu vermeiden. Aber auch durch das Anwendungsdesign verursachte Abweichungen vom Style Guide können somit kanalisiert werden. Zur Evaluierung sind Prototypen am besten geeignet. Durch Prototyping ist es ebenso möglich, die besten Alternativen im Vergleich zu bestehenden Standardlösungen zu finden und diese unter Umständen als künftigen Standard festzuschreiben.

Es wird somit deutlich, daß, bedingt durch die hohe Entwicklungsdynamik, bestehende Richtlinien in Teilen mehr oder weniger unbeständig sind. Standards können immer nur für vorhandene oder wenigstens in greifbare Nähe gerückte Bedienungs- und Layouttechniken entwickelt werden.

Die Erfahrung zeigt, daß Standards, die im voraus definiert wurden, die meiste Akzeptanz finden. Eine Standardisierung " ex post" führt aufgrund hohen Änderungsaufwandes verständlicherweise zu geringerer Akzeptanz. Die nachträgliche Definition von Regeln läßt sich jedoch nicht immer vermeiden. Bereiche, die eine Standardisierung notwendig machen, werden u. U. erst erkannt, wenn für die gleiche Problemstellung in mehreren Produkten unterschiedliche Lösungen gefunden wurden.

Es zeigt sich weiterhin, daß es bei der Entwicklung eines Style Guide in bestimmten Fällen nur möglich ist, festzuschreiben, was bei der Gestaltung von Oberflächen zu vermeiden ist. Die richtige Technik kann jedoch nicht konkret vorgegeben werden; allenfalls eine mehr oder weniger angemessene Technik.

7. Fazit

Marktstandards können durch die Notwendigkeit für ein breites Anwendungsspektrum allgemeingültig zu sein, in einigen Bereichen nur vage formuliert werden. Hierdurch sind sie naturgemäß für Entwickler zu wenig operationalisiert.

Auch die Gesamtheit eines Produktes, also Software und Anwenderdokumentation, findet zu wenig Berücksichtigung bei gängigen Standards. Diese beziehen sich auf die Bedienoberfläche der Software, also nur einen Teil eines Produktes, der unter ergonomischen Gesichtspunkten zu prüfen ist.

Daraus ergibt sich die Notwendigkeit, detailliertere, auf die Anwendergruppe zugeschnittene, firmenspezifische Standards zu entwickeln, die bestehende Marktstandards erweitern bzw. davon abweichen.

Firmeninterne Standards sind Regelwerke, die immer nur das zu einem bestimmten Zeitpunkt mögliche Optimum an Ergonomie und Einheitlichkeit von Produkten ermöglichen. Standardisierte Oberflächen sind also nicht die logisch richtige Lösung der Aufgabenstellung, sondern nur die beste der aktuell möglichen Alternativen.

Eine optimale einheitliche Benutzungsoberfläche über alle Anwendungen hinweg wird trotz allem nicht möglich sein, da die Entwicklungen auf dem Gebiet der Software-Ergonomie noch nicht abgeschlossen sind.

Das Design von Anwendungen wird immer eine Gratwanderung sein, zwischen dem Streben nach einem Suboptimum eines einzelnen Produktes und dem Ergomomiegewinn durch die Vereinheitlichung einer Produktpalette. Diese Gratwanderung bedingt zwangsläufig gewisse Einschränkungen und Abweichungen.

Hinzu kommt, daß jedes Software-Produkt und jeder Standard bestimmten Entwicklungszyklen unterliegen, die in der Regel voneinander abweichen. Die Stichtagsumstellung einer Produktpalette ist nicht möglich.

Obwohl solche Seiteneffekte nicht vermieden werden können, sind firmenspezifische Standards notwendig, um eine Produktpalette vorallem unter dem Aspekt der Produktintegration zu verbessern.

Standards machen die Integration erst möglich.

Im Hinblick auf die zunehmende Integration wird dem Anwender immer unverständlicher, daß für ein Betriebssystem unterschiedliche Standards bzw. nicht notwendige Ausprägungen von Standards an der Benutzungsoberfläche existieren.

Ziel bei der Definition von Marktstandards (z. B. CUA) sollte zusätzlich die Festlegung von Anwendungsklassen (z.B. Textverarbeitung, Kalkulation, Branchenlösungen etc.) sein, damit für diese Klassen jeweils spezifischere Standards geschaffen werden können.

Ebenso müßten alle Komponenten eines Software-Paketes in die Standardisierung einbezogen werden.

IAO-Forum
Software-Ergonomie in der Praxis

CUA in der Praxis: Wunsch und Wirklichkeit

O. Mainka

1. Common User Access von IBM

1.1 IBM's Weg zu Systems Application Architecture und Common User Access

Computersysteme haben heute in fast allen Bereichen unserer Gesellschaft eine weitgehende Verbreitung gefunden. Insbesondere arbeiten auch immer mehr Menschen, die keine oder nur sehr wenig Computererfahrung haben, an Bildschirmarbeitsplätzen. Fähnrich (1987, S. 6) gibt an, daß zur Jahrhundertwende 90% aller Arbeitsplätze mit Computern versehen sein werden, aber nur 20% aller Benutzer aufgrund ihrer Primärausbildung eine direkte Qualifikation zur Computerbenutzung haben werden.

Die benutzte Software hat heute stark divergierende Bedienoberflächen. Einmal erlerntes Wissen über die Benutzung einer Applikation kann oft nicht auf andere Applikationen übertragen werden. Die Folgen sind ein erhöhter Schulungsaufwand zur Erlernung der verschiedenen Systeme, eine Belastung der Benutzer, die sich im Kopf oder auf Tastaturschablonen und an das Terminal geklebten Zetteln die Bedienung der Programme merken müssen und in Folge eine erhöhte Fehlerrate bei der Arbeit mit der Software.

Des weiteren werden Bedienoberflächen heute vor allem durch intuitive Designvorstellungen des jeweiligen Programmierers oder der Designteams geprägt. Entscheidungen, wie Kommandos am besten abzukürzen sind, wie Masken aufgebaut werden oder wie Einträge in Menübäumen zu verteilen sind, werden aufgrund persönlicher Erfahrungen und einem mehr oder weniger guten Fingerspitzengefühl bestimmt. Als Folgerung schreiben Smith et al. (1986a, S. 4):

> "It seems fair to characterize current user interface software design as an art rather than science, depending more upon individual judgement than systematic application of knowledge. ... experts are not always available to help guide system development, and it is clear, that they cannot personally guide every step of design. What is needed is some way to embody expert judgement in the form of explicit guidelines."

IBM hat im März 1987 die erste Auflage ihrer Regeln für die Gestaltung der Bedienoberfläche Common User Access (CUA) veröffentlicht und versucht damit, für die beiden oben angesprochenen Problempunkte (konsistente und ergonomisch gestaltete Bedienoberflächen) Handlungsanweisungen zu geben.

CUA ist einer der drei Teile der strategischen IBM-Initiative Systems Application Architecture (oder deutsch System Anwendungs-Architektur) (SAA). SAA hat folgende Ziele und Inhalte (IBM 1989a, S. 3/4):

"...daß die Anwendungen so vereinheitlicht werden, daß der Umgang mit ihnen vereinfacht wird. Genauer gesagt, egal, ob ein Mitarbeiter Daten aus dem Personal Computer abruft oder über eine Datenstation aus dem Großrechner, die Vorgehensweise bleibt dieselbe. ... SAA als Rahmenwerk gestattet es, Anwendungen so zu gestalten, daß sie auf Systemen unterschiedlicher Hardware-Architekturen eingesetzt werden können. ... Insgesamt werden gegenwärtig folgende Softwaresysteme als reine SAA-Umgebungen unterstützt: OS/2EE, OS/400, VM/CMS und MVS/ESA-TSO/E. ... Die Regeln zu SAA sind veröffentlicht und stehen allgemein zur Verfügung."

SAA und damit auch CUA bieten bei IBM die Basis für eine integrierte Software-Entwicklungsumgebung und auch für neuere IBM-Software wie Office Vision (s. z.B. IBM 1989b; IBM 1989c).

1.2 Aufbau der Dokumentation für CUA

Die ersten Regeln für CUA von 1987 (IBM 1987) wurden 2 Jahre später von einer Neuauflage der Regeln gefolgt (IBM 1989d; IBM 1989e). Es kann nicht ausgeschlossen werden, daß es noch weitere Neuerungen zu CUA geben wird, denn (IBM 1989f, S. 5)

"...actually, SAA is more a process under way than a single set of specifications."

Neben den drei Richtliniensammlungen gibt es noch einige weitere CUA-bezogene Dokumente, z.B. eines mit speziellen Hinweisen für CICS BMS-Programmierer (IBM 1989g) und für den CUA-Kenner eine sehr empfehlenswerte Übersicht (IBM 1990).

Die Unterschiede der CUA-Versionen von 1987 und 1989 betreffen zum einen die Teilung der Richtlinien in die zwei Bände der Fassung von 1989, wobei der eine Band (im folgenden nach seinem Titel AIDG genannt) für graphische persönliche Workstations (PWS) und der andere (im folgenden BIDG) für nichtprogrammierbare Terminals (NPT) ist. Zum anderen hat es ca. 70 Änderungen gegeben, die im wesentlichen Erweiterungen der Beschreibungen von 1987 betreffen. Der '87er-Band umfaßt ca. 300 Seiten, die '89er-Bände haben ca. 260 (BIDG) bzw. 190 (AIDG) Seiten.

Der AIDG für PWS beschreibt das "Graphical model", der BIDG für NPT's zum einen den "Text subset of the graphical model", zum anderen eine dem gegenüber abgespeckte Version, das "Entry Model". Eine CUA-Bedienoberfläche beinhaltet beim "Graphical model" und beim "Text subset..." Oberflächenelemente, wie sie z.B. vom Apple MacIntosh oder MS-Windows her bekannt sind (in Klammern die deutschen, von der SAP verwendeten Begriffe): Action Bar (Menüleiste), Pull-Down Menus (Aktionsmenüs) und Dialog Boxes (Dialogfenster). Die (auf den AIDG ausgerichtete) Abbildung 1 möge diese Begriffe verdeutlichen:

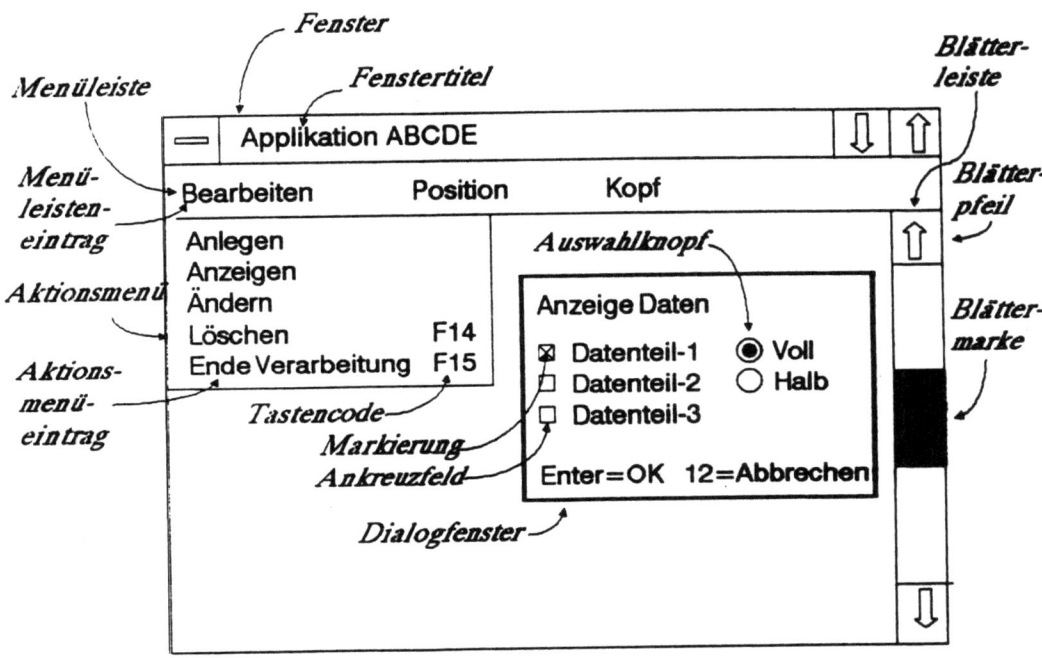

Abb. 1: CUA-Oberflächenelemente

AIDG und BIDG sind in jeweils 4 Teile unterteilt:

- Beschreibung der allgemeinen psychologisch-ergonomischen Prinzipien, die CUA inhärent sind

- Allgemeine Beschreibung der CUA-Bedienoberfläche, die mit entsprechenden Programmierwerkzeugen erstellbar ist.

- Darstellung der fundamentalen einzelnen Komponenten einer CUA-Bedienoberfläche

- Anhänge mit Tabellen z.B. für Farbgestaltung, Tastenbelegungen, Maustastenbelegungen und weiterführende Literatur

Die CUA-Richtlinien behandeln Themen wie die Benutzerinteraktion mit blätterbaren Listen, das Design von Dialogfenstern, Titelleistengestaltung, Anordnung der Menüleiste, die Navigation in Maskenfolgen und Belegung der Funktionstasten, um nur einige zu nennen. Im folgenden als Beispiel die Beschreibung des Hilfe-Aktionsmenüs aus dem AIDG (IBM 1989e, S. 45):

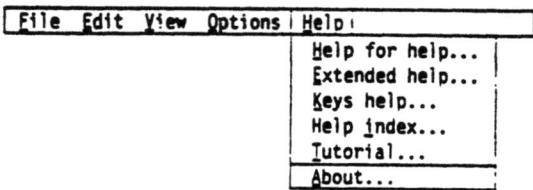

Abb. 2: Beschreibung des Hilfe-Aktionsmenüs aus dem AIDG

1.3 Ist CUA eine Norm?

Smith (1986b) unterscheidet u.a. die Begriffe

- **Norm**: Allgemein gehaltene Anforderung, in formeller Weise durch Gesetzgebung o.ä. verabschiedet

- **Richtlinie**: Menge allgemeiner Empfehlungen mit Beispielen, zusätzlichen Erklärungen etc.

- **Regel**: Designspezifikation, die keine weitere Interpretation zuläßt

Diese Begriffe sind nach Ackermann (1988) in der obigen Reihenfolge hierarchisch geordnet, die Umsetzung von oben nach unten zu den Regeln muß durch einen sog. **Leitfaden** durchgeführt werden.

CUA in diesem Sinne ein Konglomerat aus Richtlinie und Regel. Im AIDG und BIDG sind manche Dinge wie z.B. das in Abb. 2 dargestellte Hilfe-Aktionsmenü genau festgeschrieben, andere Elemente wie z.B. die Anzeige eines Textes "Mehr...", der auf einem NPT anzeigen kann, daß der Benutzer in einer Liste noch weiter nach unten blättern kann, sind optional. Generell wird in IBM (1990, Appendix A) zwischen unbedingt notwendigen, empfohlenen und optionalen Teilen von CUA unterschieden. Als ein wesentliches Manko von CUA ist das Fehlen der Aspekte eines Leitfadens anzusehen. Strauß (1989, S. 121) nennt 3 Probleme:

- Es gibt keine Hinweise auf die Handlungsgestaltung von Gesamtanwendungen. Solche Hinweise sind nötig, um "Insellösungen" von Software zu vermeiden.

- Es wird kein Bezug auf existierende Normen für benutzergerechte Bedienoberflächen (wie z.B. auf DIN 66 234 T8) genommen.

- Zielkonflikte, die bei der Softwareerstellung z.B. bezüglich der Kriterien Integration, Portabilität und Konsistenz auftreten können, werden in CUA nicht gesondert behandelt.

2. Die SAP-Software

SAP ist Marktführer für Standardsoftware für das gesamte betriebswirtschaftliche Spektrum. Der Umfang des SAP-Systems läßt sich z.B. am Umfang der Hilfe-Dokumentation ablesen: Online-Doku ist für 40000 Felder und 2050 Tabellen des SAP-Systems verfügbar. Bisher bilden /370-Systeme der IBM und BS2000-Systeme von Siemens die Basis der SAP-Software. Entsprechend haben vor allem Großkonzerne (z.B. 80 der größten 100 Unternehmen der BRD) die SAP-Software im Einsatz. Die SAP-Bedienoberfläche ist durch NPT's bestimmt, alle Applikationen benutzen Funktionstasten. In Zukunft wird die SAP-Software aber auch für mittelständische Unternehmen auf OS/2-, UNIX- und AS/400-Maschinen unter Einbezug von PWS verfügbar sein. Es gibt aber auch für Benutzer von /370-Systemen ein Projekt, welches sich mit der Verlagerung der Bedienoberfläche (und von Anwendungsfunktionalität) auf eine PWS inklusive Mausbenutzung beschäftigt.

3. Einbezug von CUA bei der SAP

3.1 Die Rolle des SAA-Standards bei der SAP

Zu frühe Standards bergen sicherlich eine Reihe von Gefahren in sich. Standards können

- sich zu einem Zeitpunkt etablieren, an dem noch nicht abzusehen ist, wohin der Entwicklungstrend gehen wird. Weitere wichtige Entwicklungen können dadurch verhindert bzw. der Standard durch fortschreitende Entwicklungen obsolet werden.

- die Übermacht eines Herstellers manifestieren.

- bei zu enger Auslegung eine benutzerorientierte Anwendungsentwicklung behindern. CUA allein schafft noch keine aufgaben- und benutzergerechte Applikation!

Andererseits spricht auch einiges für Standards:

- Der Schulungsaufwand bei der Einführung neuer Applikationen wird minimiert.

- Die Akzeptanz neuer Applikationen und der EDV allgemein wird verbessert.

- Die Softwareentwicklung kann unabhängig von einem Zielsystem stattfinden. In Folge kann die Auswahl einer Software stärker von der jeweiligen Anwendung bestimmt sein und Hardware nach dem Ablauf eines Lebenszyklus gewechselt werden. Auch für den Softwarehersteller ergeben sich Vorteile dadurch, daß die Wiederverwendbarkeit von Programmteilen signifikant erhöht wird.

Dadurch, daß der Bedarf an Kommunikationsschnittstellen von Computern untereinander und der Bedarf an Mensch-Computer-Schnittstellen immer größer werden, wird der Trend in Richtung einer Standardisierung nicht mehr aufzuhalten sein. Die SAP sieht heute 2 Trends: Unix und SAA. Schon 1987 mit der Ankündigung von SAA hat die SAP deshalb beschlossen, SAA-konforme Software zu erstellen.

3.2 Probleme beim Einsatz von CUA bei der SAP

Bei SAP arbeitet eine Gruppe von 6 Personen an der ergonomischen Gestaltung der Bedienoberfläche. Im folgenden sind die wesentlichen Probleme genannt, die diese Gruppe beim CUA-Einsatz hat.

In weiten Teilen beschreibt CUA den "look", aber nicht das "feel" einer CUA-Applikation. Bildschirmelemente wie Dialogfenster oder eine Funktionstastenzeile werden genau dargestellt (wobei der AIDG allerdings manchmal eher den Charakter eines "Style Guides" für den Presentation Manager hat), es fehlen aber Hinweise darauf, wie der Weg des Benutzers durch eine Applikation aussieht. An den Stellen, wo CUA Dialogabläufe aufzeigt, geht IBM von relativ einfachen Applikationen wie einer Textverarbeitung aus, bei denen ein Benutzer im wesentlichen ein oder mehrere Objekte gleicher Art (z.B. Texte) bearbeitet. Die SAP-Software ist jedoch wesentlich komplexer: Benutzer arbeiten mit verschiedenen Objektklassen wie z.B. an einem Vertriebsarbeitsplatz mit Aufträgen und Angeboten. Sie wollen nicht nur das eigentliche Objekt bearbeiten, sondern auch "Ausflüge" machen, um sich andere Daten anzusehen. Während bei einer Textverarbeitung oder einer Tabellenkalkulation der Benutzer im wesentlichen immer das gleiche Bildschirmbild sieht, möchte er bei der SAP-Software möglichst wahlfrei zwischen bis zu 25 Masken für eine Arbeitsaufgabe navigieren und doch nicht "verlorengehen".

Die Richtlinien in CUA sind oft so allgemein oder ungenau, daß sie interpretiert werden müssen. An diesen Stellen fehlen Hinweise, wie eine Interpretation vorgenommen werden sollte.

Die Anwendung des "Text subset..." des BIDG (also die Benutzerinteraktion mit Hilfe von Menüleisten auf einem Großrechnerterminal) wirft schon allein wegen der Antwortzeiten eines Hosts Probleme auf. Wo ein Benutzer auf einer PWS schnell etwas ausprobieren kann und z.B. verschiedene Aktionsmenüs nach ihren Einträgen durchsucht, ist dies bei Antwortzeiten von 20 Sekunden für jeden Host-Interrupt keinem Benutzer zumutbar. Der Autor hat versucht, über die IBM in Deutschland beispielhafte CUA-gerechte Applikationen auf einem Großrechner zu finden und ist dabei kaum fündig geworden. CUA scheint im wesentlichen für PWS angewendet zu werden.

Ein wesentliches Problem der SAP ist, daß ein Standard-Coding sowohl auf einer PWS als auch auf einem NPT laufen soll. Dies ist auch der integrative Gedanke von SAA, jedoch sind schon allein durch die oben erwähnten Antwortzeiten auf einem Großrechner und die Möglichkeiten einer Mausbenutzung bei einer PWS stark unterschiedliche Randbedingungen für Dialoge in den beiden Welten zu berücksichtigen. Versuche, PWS- und NPT-Benutzer unter einen Hut zu bringen, enden leicht in einem faulen Kompromiß.

Eine schon bestehende Applikation (wie das System R/2 der SAP) kann nicht leicht in eine CUA-gerechte Version umgewandelt werden, wenn noch "Altlasten" und applikationsspezifische Besonderheiten zu berücksichtigen sind. Auch haben die bestehenden SAP-Tools manchmal technische Probleme, CUA konsequent umzusetzen. In diesem Zusammenhang ist es interessant, sich Programme anzusehen, die unter dem Presentation Manager auf OS/2 laufen und eigentlich CUA-gerecht sein müßten. Zum einen gibt es konkrete Mißachtungen der CUA-Regeln, zum anderen eigene Erweiterungen. Ein Beispiel für eine Mißachtung ist die Menüleiste von Lotus 1-2-3/G, aus der man direkt Aktionen aufrufen kann (Copy, Move, Quit) (aus Lotus 1990, S. 5):

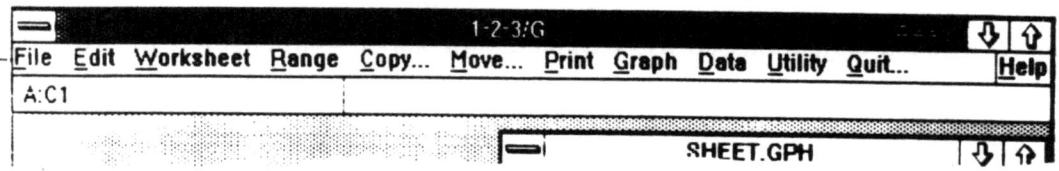

Abb. 3: Menüleiste von Lotus 1-2-3/G auf OS/2

Ein weiteres Beispiel für eine Regelverletzung zeigt ENFIN/2, das inzwischen von IBM vertrieben wird. Von einem Dialogfenster kann ein zweites per "Drucktaste" geöffnet werden. Das zweite Fenster wird aber nicht durch eine eigene Taste verarbeitet, sondern man muß eine Taste im ersten Fenster drücken (hier nur als Skizze):

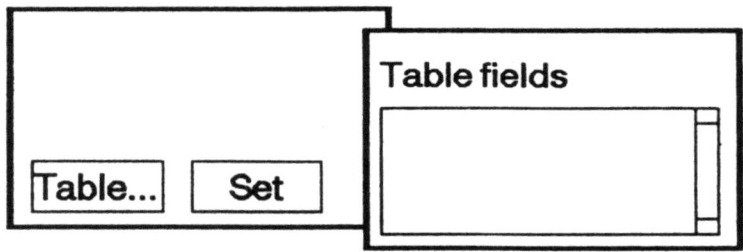

Abb. 4: Skizze eines Dialogfenster bei ENFIN/2

Erweiterungen der CUA-Norm zeigen z.B. der File Manager von IBM (!) für den Presentation Manager V 1.2. Die More-Drucktaste in Abb. 5 erweitert ein Dialogfenster um eine angehängte Fläche, die Fläche verschwindet nach abermaligem Mausklick auf die Drucktaste (hier nur als Skizze):

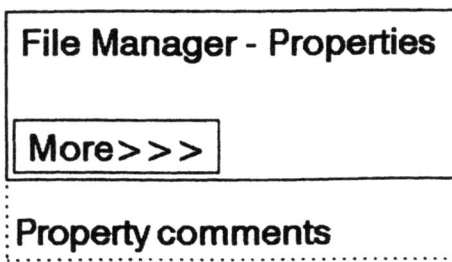

Abb. 5: Drucktaste beim File Manager für den Presentation Manager

Es stellt sich also die Frage, wann eine Anwendung noch CUA-gerecht ist und wann nicht. Oder andersherum: Wieweit darf ich an CUA "drehen", um eigene applikationsspezifische Wünsche durch Regelverletzungen oder -erweiterungen in meiner Bedienoberfläche unterzubringen?

3.3 Vorgehensweise bei der Anwendung von CUA auf SAP-Software

CUA stellt im Bereich der Bedienoberfläche eindeutig die Grundlage der SAP-Entwicklung dar. Aufgrund der in 3.2 genannten Probleme (Vagheit der CUA-Richtlinien und notwendige Berücksichtigung SAP-spezifischer Anforderungen) ist jedoch eine besondere Vorgehensweise bei der CUA-Einbindung nötig.

Konkrete Entscheidungen für das Design der Bedienoberfläche werden von der Software-Ergonomie-Gruppe in Diskussion mit den Anwendungsentwicklern vorbereitet. Die Ergonomiegruppe besteht aus Psychologen, Informatikern und einer Betriebswirtin. Alle Personen haben durch Mitarbeit in Forschungsprojekten eingehende ergonomische Kenntnisse erlangt und bringen damit auch genügend "außer-CUA"-Wissen ein.

Wichtige, SAP-weite Entscheidungen für die Bedienoberfläche (wie z.B. die Belegung der Funktionstasten oder die deutsche Terminologie der von CUA verwendeten Begriffe) werden durch ein Normierungsgremium verabschiedet, welches aus Vertretern der Entwicklungsabteilungen und der Ergonomiegruppe besteht.

Weiterhin kann kaum einem Anwendungsentwickler zugemutet werden, sich die vielen Seiten der CUA-Dokumentation durchzulesen, um ein Gefühl für das richtige Design der Bedienoberfläche zu bekommen. Die Ergonomiegruppe gibt deshalb eine möglichst leicht konsumierbare Zeitschrift heraus, die mit vielen Beispielen und Abbildungen den Programmierern die Philosophie einer CUA-Oberfläche und software-ergonomisches Wissen allgemein nahebringen soll.

Über CUA hinaus ist die SAP bemüht, möglichst früh und weitgehend Benutzer in die Systementwicklung einzubinden. Es gibt Planungen, ein "usability lab" für Untersuchungen von Prototypen mit Benutzern einzurichten. Ergänzend zu den Untersuchungen und Diskussionen im eigenen Haus bemüht sich die SAP darum, mit anderen CUA-Anwendern und an software-ergonomischen Fragestellungen interessierten SAP-Kunden zwecks Kooperationen und einem Erfahrungsaustausch in Kontakt zu treten.

IV. Quellen

Ackermann, D. 1988: *Empirie des Softwareentwurfs: Richtlinien und Methoden.* In: Balzert et al.: Einführung in die Software-Ergonomie. Walter de Gruyter, Berlin 1988

Fähnrich, K-P. 1987: *Software-Ergonomie. Stand und Entwicklungstendenzen.* In: Office Management, Heft 12/1987, S. 6-11

IBM 1987: *Systems Application Architecture. Common User Access. Panel Design and User Interaction. Translated Common User Access Terms.* IBM Dokument SC26-43510

IBM 1989a: *Unternehmensweite Informationssysteme: Mit der IBM System Anwendungs-Architektur (SAA).* IBM Informationsblatt, IBM Form GE 12-2059-0 (3/89)

IBM 1989b: *Einmal entwickeln, überall einsetzen: Integrierte Softwareentwicklung und SAA.* IBM Informationsblatt, IBM Form GE 12-2082 (6/89)

IBM 1989c: *Zukunftsprogramm mit Bestellnummer: Office Vision auf Basis von SAA.* IBM Informationsblatt, IBM Form GE 12-2074-0 (5/89)

IBM 1989d: *Systems Application Architecture. Common User Access. Basic Interface Design Guide.* IBM Dokument SC26-4583-0

IBM 1989e: *Systems Application Architecture. Common User Access. Advanced Interface Design Guide.* IBM Dokument SC26-4582-0

IBM 1989f: *SAA lays the foundation.* IBM sponsored supplement / DBMS, 9/1989

IBM 1989g: *SAA CUA Application Design Guidelines for CICS BMS.* IBM Dokument GG66-3115-00

IBM 1990: *Common User Access. Tips and Techniques.* IBM Dokument GG66-3177-00

Lotus 1990: *Lotus 1-2-3/G User's Guide.* Lotus Development Corporation, Cambridge. Part No. 301386

Smith, S.L.; Mosier, J.N. 1986a: *Guidelines for Designing User Interface Software.* The MITRE Corporation, Report ESD-TR-86-278

Smith, S.L. 1986b: *Standards versus Guidelines for Designing User Interface Software.* In: Behaviour and Information Technology, Vol. 5, No. 1, S. 47-61

Strauß, Susanne: *Beurteilung von Richtlinien zur Gestaltung von Benutzerschnittstellen am Beispiel der IBM System-Anwendungs-Architektur.* Diplomarbeit Fachbereich Informatik (Prof. Oberquelle) der Universität Hamburg, 9/1989

IAO-Forum
Software-Ergonomie in der Praxis

Oberflächengestaltung mit OSF/Motif

R. Ilg

Inhaltsverzeichnis

1 Standardisierung der Benutzerschnittstelle

2 Styleguides und Software-Ergonomie

3 Styleguide OSF/Motif - Aufbau und Struktur

4 Erfahrungen mit der Strukturierung von Richtliniensammlungen

5 Vorgehensweise zur Gestaltung benutzergerechter Schnittstellen

6 Umsetzung von Styleguides

7 Zusammenfassung

8 Literatur

1   Standardisierung der Benutzerschnittstelle

Der Einsatz von Computern in immer mehr Arbeitsbereichen ist heute kein exotisches Thema mehr für eine kleine Gruppe von Experten und Spezialisten. Vielmehr ist der Computer auf dem besten Wege, das alltägliche Gegenüber eines großen Teils der Bevölkerung zu werden. Die Akzeptanz eines Anwenders gegenüber einem Software-Produkt hängt demnach vielfach davon ab, wie leicht dieses zu erlernen und zu bedienen ist. Ein schlecht bedienbares Programm kann beim Benutzer emotionelle Belastungen hervorrufen und dadurch seine Bereitschaft, am System zu arbeiten, mindern. Die resultierende Unzufriedenheit wirkt schließlich auf die Konkurrenzfähigkeit der Computer- und Software-Hersteller zurück, da bei dem heutigen breiten Angebot an Hardware seitens der Anwender zunehmend mehr auf die Qualität der mitgelieferten Software geachtet wird. Die Qualität der Mensch-Rechner-Schnittstelle ist dabei heute schon ein entscheidender Faktor für die Durchsetzung eines Produkts auf dem Markt und wird in Zukunft noch an Bedeutung gewinnen (Ilg, Görner, 1990a).

Die Entwicklung und der Einsatz von graphisch interaktiven Benutzungsschnittstellen hat in den letzten Jahren in allen Anwendungsbereichen einen wahren Boom erfahren. Dies hängt damit zusammen, daß diese Art der Interaktion mit dem Rechner die Fähigkeiten und Fertigkeiten der Benutzer stärker berücksichtigt und von ihm keine komplexen

Abstraktionsaufgaben abverlangt. Ein Nachteil dieses Entwicklungsbooms stellt jedoch die Vielfalt und Unterschiedlichkeit der am Markt verfügbaren graphisch interaktiven Schnittstellen dar. So hat jeder Hersteller seine eigene Graphikoberfläche gestaltet und mußte sich womöglich aus rechtlichen Gründen bewußt von einem bereits vorhandenen und gut gestalteten Produkt absetzen. Dies hat in letzter Zeit bei den Endbenutzern zu Verwirrungen und Unverständnis geführt. Es ist deshalb sehr zu begrüßen, daß auf diesem Sektor der Schnittstellengestaltung eine Standardisierung vorgenommen wird. Diese Standardisierung wirkt zum einen natürlich einschränkend auf die Gestaltungsmöglichkeit an der Schnittstelle, auf der anderen Seite aber ist es unumgänglich, dem Benutzer standardisierte Benutzungsoberflächen in allen Anwendungsbereichen zu bieten.

Der Styleguide Motif der OSF (Open Software Foundation) stellt für die Gestaltung der Benutzungsoberfläche eine erfreuliche Standardisierungsbestrebung dar und gewinnt durch die Unterstützung großer Computer-Hersteller, wie z.B. Apollo, Bull, DEC, HP, IBM, Nixdorf, SIEMENS (Gründungsmitglieder der OSF) in Zukunft noch erheblich an Bedeutung. Das Gesamtkonzept OSF/Motif stellt darüberhinaus Software-Werkzeuge zur Verfügung, die die Schnittstellengestaltung vereinheitlichen und erleichtern sollen.

Natürlich ist OSF mit Motif nicht die einzige Bestrebung in Richtung einer Standardisierung der Benutzungsoberfläche. UNIX International hat mit der Einführung des Styleguide OPEN LOOK ebenfalls eine Standardisierung der graphischen Benutzungsschnittstellen geschaffen und hat im Hintergrund ebenfalls eine starke Hersteller-Gruppe, wie z.B. XEROX, AT&T und SUN.

Darüberhinaus muß auch das Konzept SAA (System Application Architecture) der IBM mit dem Styleguide CUA (Common User Access) als wichtige Standardisierungsbestrebung zur Vereinheitlichung der Benutzungsoberflächen gesehen werden. Dabei ist besondere Aufmerksamkeit den getrennt behandelten Schwerpunkten: 1) alphanumerische und 2) graphische Oberflächen zu schenken.

Aus der Sicht der Software-Ergonomie ist diese Standardisierung zwar wünschenswert, aber durch die verschiedenen Bestrebungen ist wiederum eine ungewollte Vielfalt der Gestaltungsmöglichkeiten der Benutzungsoberflächen entstanden, die nur durch eine starke Integration bzw. Annäherung der einzelnen Bestrebungen verringert oder gar behoben werden können.

Die Entwicklung und Verbreitung solcher Styleguides enthebt den Systementwickler jedoch nicht von seiner Verantwortung, die Anforderungen des Benutzers in den

Mittelpunkt seiner Arbeit zu stellen. So bietet ein Styleguide Hilfe in Form einer Entwicklungsumgebung für den Gestaltungsprozeß einer Schnittstelle, jedoch wenig, wenn es um die Spezifikation einer benutzergerechten Anwendung geht.

Im Folgenden soll deshalb auf die Umsetzung des OSF/Motif Styleguides in Anwendungen zum Teil im Vergleich zu anderen Styleguides eingegangen werden, vor dem Hintergrund, daß der Entwickler zusätzlich zu seiner Entwicklungsumgebung Informationen zur benutzergerechten Gestaltung z.B. in Form von software-ergonomischen Richtlinien benötigt.

2 Styleguides und Software-Ergonomie

Die Bedeutung der Benutzungsoberfläche für ein Softwareprodukt ist mit der Möglichkeit, graphisch interaktive Dialogtechniken einzusetzen, deutlich gestiegen. Damit verbunden ist aber auch ein größerer Aufwand, eine benutzergerechte Oberfläche zu gestalten. Es ist deshalb nur selbstverständlich, daß dafür Gestaltungswerkzeuge eingesetzt werden müssen. Diese Werkzeuge, die durch schriftliche Ausarbeitungen in Form von Styleguides ergänzt und unterstützt werden, nehmen dem Entwickler einen erheblichen Teil der Implementierungsarbeit ab. Die Styleguides informieren den Entwickler über die Möglichkeiten der Gestaltung und geben ihm richtlinienartig Informationen, wie elementare Einheiten seiner zu gestaltenden Benutzungsoberfläche aussehen. Darüberhinaus werden Angaben zu einzelnen Interaktionsschritten gegeben (Funktionstastenbelegung, Menüanwahl etc.), die der Entwickler so übernehmen kann.

Aus der Sicht der Software-Ergonomie ist es sehr begrüßenswert, wenn durch Styleguides eine Vereinheitlichung der Benutzerschnittstelle angestrebt wird. Dadurch wird dem Benutzer das Arbeiten mit verschiedenen Anwendungen unter einer gemeinsamen Oberfläche erleichtert. Speziell die Kriterien Lerntransfer, Konsistenz und zum Teil Effizienz können mit der Einhaltung der Styleguides erfüllt werden. Betrachtet man jedoch die Details der Styleguides, so muß man feststellen, daß sie sehr wenig Begründungen für die eine oder andere Gestaltungsvorschrift beinhalten. Dadurch erwecken die Styleguides oft den Eindruck, daß sie der verlängerte Arm der Hersteller in die Anwendungsprogrammierung anderer Softwarehäuser darstellen, um eine gewisse Abhängigkeit vom Ursprungsprodukt zu erreichen.

Es ist deshalb wichtig, darauf hinzuweisen, daß mit der Einhaltung einer Richtlinie aus einem Styleguide noch nichts über die Güte der Schnittstelle ausgesagt ist und ob sie damit besonders benutzergerecht gestaltet worden ist (Uniformitätsstandards vs. Qualitätsstandards). Betrachtet man die Aufgaben der Software-Ergonomie, so lassen sich 3 Haupttätigkeiten nennen, die bereits eine grobe Gliederung der Vorgehensweise zur benutzergerechten Gestaltung einer Schnittstelle darstellen (Görner, Ilg, 1988):

- 1. Analysieren (Aufgabenanalyse, Benutzeranalyse)

- 2. Gestalten (Interaktionstechniken, Dialogsyntax, Ein-/Ausgabe, Prototyping)

- 3. Evaluieren (Benutzertests, Akzeptanz)

Ein Styleguide beinhaltet demnach nur Informationen, die die Aufgaben im Punkt 2 unterstützen.

3 Der OSF/Motif Styleguide - Aufbau und Struktur

Derzeit liegt der OSF/Motif Styleguide Revision 1.0 in englisch vor. Er ist in 9 Kapitel unterteilt und hat einen Anhang. In einem Vorwort wird auf die Ziele, die Gliederung, die besonderen Bezeichnungen und für wen dieser Styleguide geschrieben worden ist, eingegangen. Ein Inhaltsverzeichnis ist leider nicht vorhanden, so daß man sich bei der Suche nach einem bestimmten Detail etwas schwer tut. Am Schluß des Styleguide ist ein Glossar angefügt, aus dem man Erklärungen der wichtigsten und zum Teil noch fremdartigen Bezeichnungen entnehmen kann.

Der Inhalt der einzelnen Kapitel kann wie folgt zusammengefaßt werden:

Kapitel 1: Hier wird das Konzept beschrieben, das hinter diesem Styleguide steckt und welche Prinzipien im Vordergrund stehen:

- Prinzip 1: Konsistenz

- Prinzip 2: Direkte Manipulation (als Interaktionstechnik)

- Prinzip 3: Flexibilität

- Prinzip 4. Kontextabhängige Sicherheitsabfragen ("Explicit Destruction")

Desweiteren wird beschrieben, aus welchen Komponenten OSF/Motif besteht:

- OSF/Motif toolkit (Standard graphical interface auf der Grundlage des Presentation Managers von Microsoft)

- User Interface Language (UIL) zur Beschreibung der visuellen Eigenschaften und der Schnittstellenkomponenten

- Window Manager zur Windowverwaltung

- Styleguide beschreibt den Standard

Kapitel 2: Dieses Kapitel beinhaltet Beschreibungen der 4 Basis-Modelle des OSF/Motif:

- "Input Focus Model" (Eingabemöglichkeit in Windows)

- "Input Device Model" (Maus- und Tastatursteuerung)

- "Navigation Model" (Navigation mit Maus- und Tastatur-Cursor)

- "Object-Action Selection Model" (Objekt-Funktionssyntax)

Kapitel 3: Beschreibung der funktionalen Elemente des Window Managers.

Kapitel 4: Beschreibung der für den Benutzer sichtbaren Elemente

Kapitel 5: Beschreibung der Dialog-Kontrollmöglichkeiten ("Types of Buttons", "Types of Boxes", "Types of Valuators").

Kapitel 6: Beschreibung der Menüdialogtechnik.

Kapiel 7: Zusammenfassung der Charakteristiken der "dialog boxes".

Kapitel 8: Beschreibung der Hilfe für den Benutzer.

Kapitel 9: Zusammenfassung der länderspezifischen Gestaltungselemente, wie z.B. Datenformate für internationale Anwendungen berücksichtigt werden müssen.

Anhang: Tabellen mit der Belegung der Funktionstasten und der Funktionalität der Maus.

Der Styleguide ist so aufgebaut, daß man ihn von vorne nach hinten durchlesen muß, um alle wichtigen Informationen zu bekommen. Durch das fehlende Inhaltsverzeichnis und auch durch einen fehlenden Index ist es außerordentlich schwierig, bestimmte Detailinformationen aus diesem Styleguide herauszufinden. Dadurch wird die Arbeit mit diesem

Styleguide erschwert. Als Nachschlagewerk ist er in dieser Form nur unzureichend geeignet (Ilg, 1990).

4 Erfahrungen mit der Strukturierung von Richtliniensammlungen

Aus empirischen Untersuchungen vom Umgang mit software-ergonomischen Richtliniensammlungen kann man ableiten, daß es für den Entwickler sehr wichtig ist, für ihn relevante Informationen sehr schnell zur Verfügung zu haben. Demnach ist eine geeignete Strukturierung einer Richtliniensammlung nach folgenden Gesichtspunkten anzulegen:

- Zielgruppe

- Erweiterbarkeit

- Leichter Zugriff auf die einzelnen Informationen

- Vermeidung inhaltlicher Redundanzen

- Kodierung verbindlicher Informationen

Als Strukturierungsformen kann man je nach der Anwendung und inhaltlichen Relevanz zwischen den folgenden unterscheiden:

Gliederung nach

- der Priorität der Richtlinien

- der Häufigkeit des Erscheinens in der Literatur

- der Häufigkeit der Anwendung

- der gegenseitigen Ableitbarkeit

- der Nachweisbarkeit

- dem Alphabet

- inhaltlichen Gesichtspunkten

- der Arbeitsweise des Entwicklers

- Interaktionstechniken

- der Richtung des Informationsflusses

- Entscheidungs- und Gestaltungsteilen

- Benutzergruppen

Es hat sich in empirischen Untersuchungen als vorteilhaft erwiesen, daß eine Gliederung nach Interaktionstechniken oder nach der Richtung des Informationsflusses vorgenommen werden sollte, da sich der Entwickler hierbei sehr schnell zurechtfinden konnte. Eine Zusammenstellung in Form von Arbeitsblättern kann für eine Erweiterbarkeit als sinnvoll bezeichnet werden (Görner, Ilg 1990)

5 Vorgehensweise zur Gestaltung benutzergerechter Schnittstellen

Da Styleguides nur *einen* Aspekt der benutzergerechten Gestaltung einer Mensch-Rechner-Schnittstelle darstellen, soll hier kurz auf eine ganzheitliche Vorgehensweise eingegangen werden, die die weiteren Aspekte über die reine Oberflächengestaltung hinaus, berücksichtigt.

Grundvoraussetzung für die Entwicklung einer Benutzungsschnittstelle ist die Kenntnis der Aufgabe, die mit der Anwendung bewältigt werden soll. Dies kann mit Hilfe von Aufgabenanalysemethoden geschehen. Darüberhinaus muß der Benutzer mit seinen Fähigkeiten und Fertigkeiten, sowie der Nutzungsgrad analysiert werden. Erst nach dieser Analysephase können in einem nächsten Schritt die Definitionen von Elementarobjekten und Objektklassen, sowie die Funktionen und Attribute mit ihren Beziehungen zu den Objekten vorgenommen werden. Diese Betrachtungen müssen natürlich vor dem Hintergrund der technischen Machbarkeit gesehen werden.

In einem weiteren Schritt werden Dialogtechniken und die Syntax des Dialogs festgelegt. Erst nach dieser Festlegung kann an die Definition der Ein-/Ausgabemodi und die Kodierung der Information gedacht werden.

Eine Gestaltung einer Schnittstelle sollte immer eine nachgeordnete Evaluationsphase beinhalten, die zum Teil mit Endbenutzern oder mit Experten durchgeführt werden kann. Daraus lassen sich Schwächen der Schnittstellengestaltung ableiten, die in einem iterativen Prozeß in der Gestaltungsphase verbessert werden können. Dabei können Werkzeuge wie z.B. ein Dialogmanager, die das Prototyping bzw. die Implementierung der Dialogschnittstelle unterstützen, sehr hilfreich eingesetzt werden (Fähnrich, Görner, 1989).

6 Umsetzung von Styleguides

Eine Umsetzung eines Styleguides in direkte Anwendungen ist meist mit mehreren iterativen Gestaltungsschritten verbunden. Es gibt keine Anwendung, in der man die Vorschläge und Vorgaben des Styleguides eins zu eins umsetzen kann. Das heißt aber, daß der Entwickler über das im Styleguide vermittelte Wissen hinaus Kenntnis einer benutzergerechten Dialoggestaltung haben muß. Viele Dialogdetails nimmt ihm der Styleguide ab. Es bleiben aber noch eine ganze Reihe von Entscheidungen übrig, die der Entwickler selbst treffen muß. Besonders im Bereich der Darstellungstechnik und der damit verbundenen visuellen Wahrnehmung lassen sich Prinzipien nennen, die ein Styleguide meist nicht beinhaltet. Nachfolgend sollen einige dieser Prinzipien, ohne den Anspruch auf Vollständigkeit, aufgelistet werden (Ilg, Görner, 1990b):

- Die Gestaltgesetze der Wahrnehmungspsychologie müssen bei der Darstellung von Information auf dem Bildschirm berücksichtigt werden, z.B. Gesetz der Nähe, Gesetz der Symmetrie, Gesetz der Gleichartigkeit. Diese Gesetze wirken sich auf die Anordnung der Information aus (z.B. Lage der Information auf dem Bildschirm, Blockbildung, Bündigkeiten)

- Die aufmerksamkeitsunterstützende Wirkung graphischer Elemente auf dem Bildschirm.

- Die mnemonische Kodierung von Information.

- Einhaltung von vorher bestimmten Abkürzungsregeln bei der Menü- und Maskengestaltung.

- Verwendung von Hervorhebungstechniken, wie z.B. Inversdarstellung, Schattierung, Farbe.

Es gibt immer wieder erstaunliche Unterschiede bei der Gestaltung von gleichen Bildschirminhalten, wenn sie von verschiedenen Personen vorgenommen wird. Es ist deshalb wichtig, über einen eingesetzten Styleguide hinaus, hausinterne Gestaltungsregeln festzuschreiben und deren Einhaltung zu überprüfen.

Wendet man die Gesetze der Wahrnehmungspsychologie auf den Motif Styleguide an, so lassen sich folgende Punkte zusammenfassen:

- Für viele Elementarobjekte (z.B. Windows, Buttons etc.) müssen bis zu 50 Parameter definiert werden. Diese große Flexibilität birgt die Gefahr, daß der Entwickler Attribute festlegt, die sich ungünstig auf die Benutzbarkeit auswirken. Als Beispiel kann hier die unzureichende Erkennbarkeit der nur durch geringe Schattierung dargestellten Buttons im Styleguide genannt werden. Als Abhilfe bietet sich die Entwicklung von hausinternen Vorgaben in Form von Musterbeispielen an. Solche Muster können softwaremäßig durch die Verwendung von Softwarewerkzeugen, wie z.B. einem Dialogmanager, erstellt werden.

- Bei der Darstellung von Informationsblöcken in Windows sollte auf Anordnung, Bündigkeiten und geeignete Maße der Einzelinformationen geachtet werden.

- Ein Konzept zur Verwendung von Farbe sollte im Styleguide noch eingebaut werden.

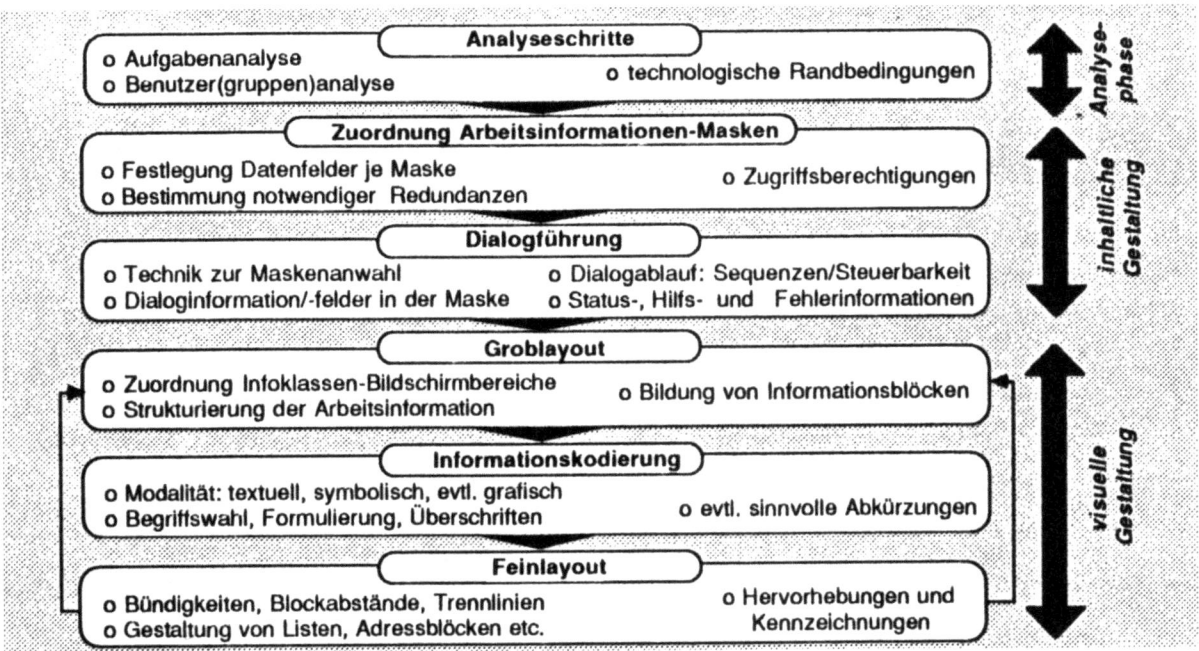

Abb. 1: Vorgehensweise zur Gestaltung von Bildschirmmasken und -formularen

Eine erfolgreich erprobte Vorgehensweise für die Gestaltung von Bildschirmmasken bzw. -formularen kann der Abb. 1 entnommen werden. Danach kommen die Maßnahmen der Informationskodierung und -hervorhebung (auch Farbgestaltung) erst hinter einer generellen Strukturierung der Information auf dem Bildschirm.

Die folgenden Abbildungen 2 und 3 zeigen zwei Beispiele von Maskengestaltungen in einer OSF/Motif-Umgebung, wobei im Falle des Formulars besonderer Wert auf die genaue Umsetzung der Papiervorlage gelegt wurde.

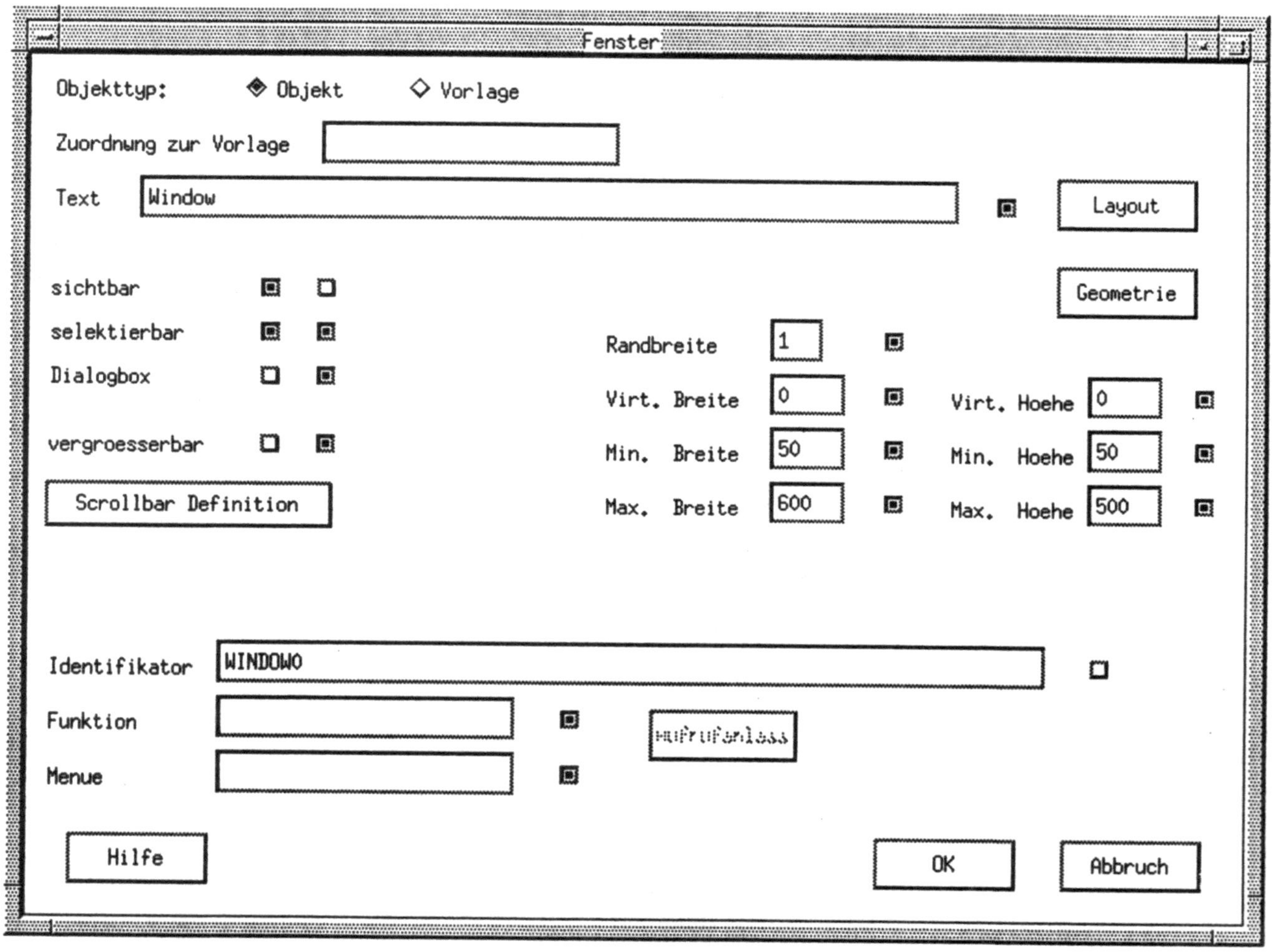

Abb. 2: Dialogfenster in einer OSF/Motif-Anwendung

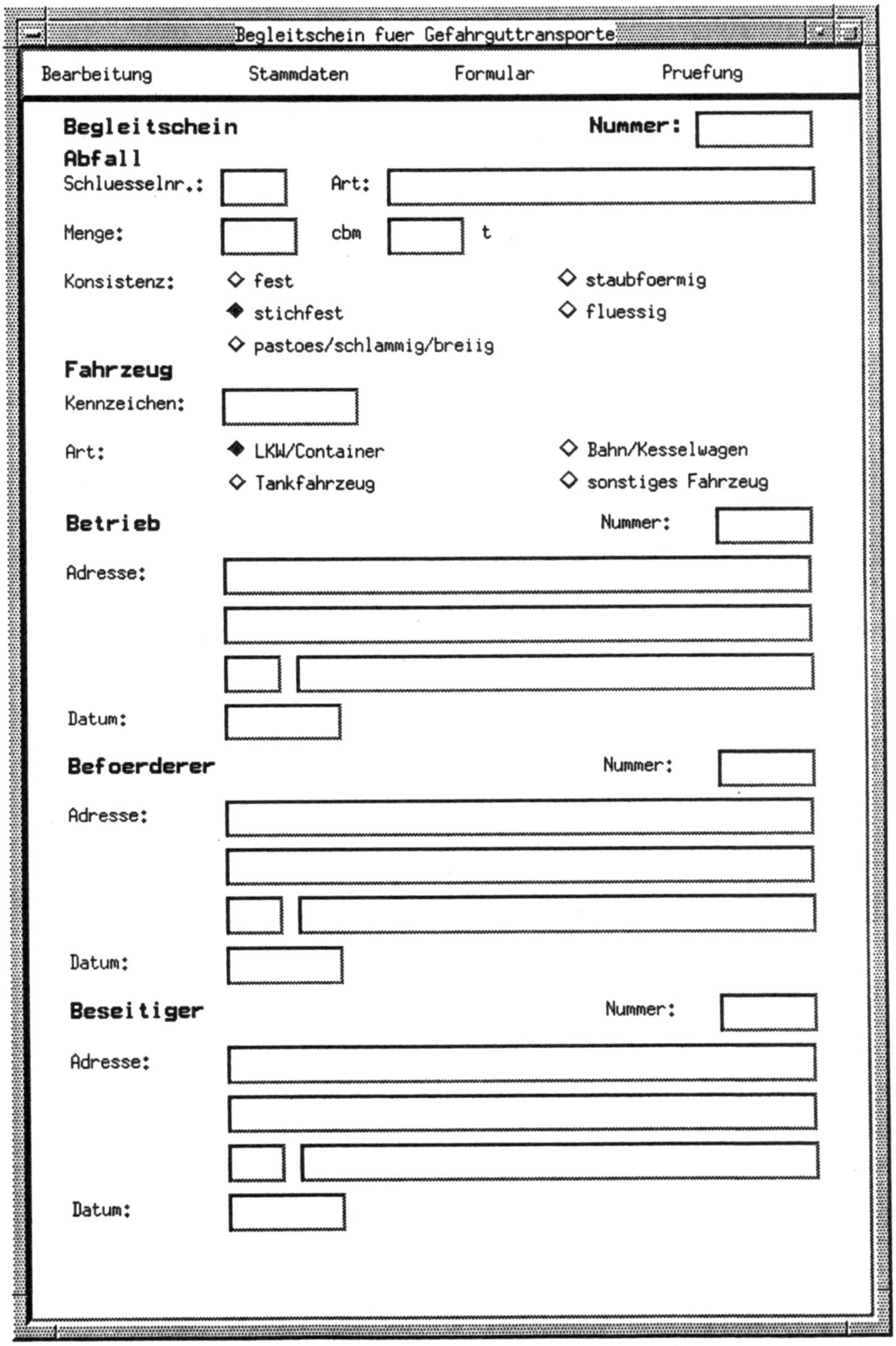

Abb. 3: Beispiel-Formular in einer OSF/Motif-Anwendung

7 Zusammenfassung

Der OSF/Motif Styleguide beinhaltet zusammenfassend eine durchaus geeignete Darstellung der besonderen Prinzipien, die mit diesem Standard verfolgt werden sollen. Durch die Erläuterungen wird dem Entwickler deutlich, wie die zukünftigen graphischen Schnittstellen auszusehen haben, jedoch nur teilweise, wie die Dialoge zu gestalten sind.

Als Informationsdefizit muß beim Styleguide das fehlende Inhaltsverzeichnis und der fehlende Index bezeichnet werden. Darüberhinaus würden dem Entwickler einige Alternativen bei der Informationsgestaltung den Umgang mit diesem Styleguide erleichtern.

Aus der Sicht der Software-Ergonomie sind Anwendungsentwicklungen unter OSF/Motif, abhängig von der jeweiligen Arbeitsaufgabe, empfehlenswert, da benutzergerechte Gestaltungsprinzipien, wie z.B. Konsistenz einer Schnittstelle, Direkte Manipulation als Interaktionstechnik und Flexibilität der Anwendung verwirklicht werden können. Andere Styleguides, wie z.B. OPEN LOOK oder SAA-CUA bieten hierbei jedoch ähnliche Gestaltungsprinzipien an. Es kann deshalb nur darauf verwiesen werden, daß ein Styleguide von vorneherein noch keine Aussage über die Güte einer Schnittstelle zuläßt. Hier müssen die Analyse- und Evaluationsmethoden der Software-Ergonomie mit ihren Kriterien zur benutzerorientierten Gestaltung der Mensch-Computer-Schnittstelle eingesetzt werden.

Ziel der Standardisierungsbestrebungen der verschiedenen Hersteller muß es deshalb sein, dem Benutzer eine einheitliche Oberfläche in verschiedenen Anwendungen mit einer konsistenten Funktionalität anzubieten.

8 Literatur

Fähnrich, K.-P.; Görner, C.
Werkzeuge zum Unternehmenserfolg. In: Bullinger (Hrsg.), Büroforum '89 Integrationsmanagement, FBO-Verlag, Baden-Baden, 1989

Görner, C.; Ilg, R.
Software-Ergonomie - Ein junger, interdisziplinärer Forschungszweig. In: Humane Produktion - Humane Arbeitsplätze, 7/88, S. 32 - 35

Görner, C.; Ilg, R.
Strukturierungsformen für Gestaltungsrichtlinien. Interner Bericht des Fraunhofer-Instituts für Arbeitswirtschaft und Organisation (IAO), Stuttgart, 1990

Ilg, R.; Görner, C.
Bedienungskomfort und äußeres Erscheinungsbild der Rechnerprogramme entscheiden über den Markterfolg. In: Frankfurter Allgemeine Zeitung, Blick in die Wirtschaft vom 21.09.1990a

Ilg, R.; Görner, C.
Benutzergerechte Gestaltung der Mensch-Computer-Schnittstelle. Interner Bericht des Fraunhofer-Instituts für Arbeitswirtschaft und Organisation (IAO), Stuttgart, 1990b

Ilg, R.
Umsetzung des OSF/Motif-Styleguide in Anwendungen. In: ONLINE '90, C. Raether (Hrsg.) Kolloquium E: Anwendungsentwicklung unter OSF/Motif; Erfahrungen Tools, Trends, 1990

OSF/Motif Style Guide Revision 1.0 (1989) der Open Software Foundation Inc.
Eleven Cambridge Center; Cambridge, MA 02142; USA

MIX
Papier aus verantwortungsvollen Quellen
Paper from responsible sources
FSC® C105338

If you have any concerns about our products,
you can contact us on
ProductSafety@springernature.com

In case Publisher is established outside the EU,
the EU authorized representative is:
**Springer Nature Customer Service Center GmbH
Europaplatz 3, 69115 Heidelberg, Germany**

Printed by Libri Plureos GmbH
in Hamburg, Germany